信息服务论

山崎久道
大庭一郎
涉谷嘉彦
杉江典子　　合著
原田智子
松下　钧
村上笃太郎

李翠薇　陈瑜　译

海洋出版社

2015年·北京

图书在版编目（CIP）数据

信息服务论/（日）山崎久道著；李翠薇译. —北京：海洋出版社，2015.9
（国外图书馆学情报学经典译丛）
ISBN 978-7-5027-9200-8

Ⅰ.①信… Ⅱ.①山… ②李… Ⅲ.①图书馆工作-情报服务-研究
Ⅳ.①G251

中国版本图书馆 CIP 数据核字（2015）第 156532 号

责任编辑：杨海萍　张　欣
责任印制：赵麟苏

海洋出版社　出版发行

http：//www.oceanpress.com.cn
北京市海淀区大慧寺路 8 号　邮编：100081
北京朝阳印刷厂有限责任公司印刷　　新华书店发行所经销
2015 年 9 月第 1 版　2015 年 9 月北京第 1 次印刷
开本：787mm×1092mm　1/16　印张：11.25
字数：182 千字　定价：55.00 元
发行部：62132549　邮购部：68038093　总编室：62114335
海洋版图书印、装错误可随时退换

丛书总序

《国外图书馆学情报学经典译丛》由海洋出版社正式出版发行了！这是我国图情理论界、教育界、实践界的一件大好事。在此谨表示热烈的祝贺！

从学科整体上，图书馆学情报学作为一门学科是全世界图情界共同创立、发展和不断创新而形成的，其理论、方法、技术、模式、应用是这一学科共同的成果和财富，也理应为世界各国图情工作者所共享。从学科发展史上看，中国的图书馆学情报学学科的建立深受国外图情理论和研究成果的影响，但也具有本土化的特色。中国的图书馆学情报学在汲取本土文化和实践营养的基础上不断发展和成熟。中国的图书馆学情报学是世界图情学科体系的重要组成部分，同样，世界其他国家的图情研究成果，也在滋养着中国的图情研究不断走向新的高度。但长期以来，由于语言的障碍和版权的限制，我国读者对国外的图情研究成果缺乏系统的了解和认知，一定意义上也影响了中国图情的理论研究、学科建设与实践发展。

2010年6月，中国图书馆学会编译出版委员会成立，我受命担任其中的"国外文献翻译专业委员会"主任。虽然是社会工作，我总觉得应该领导这个专业委员会的各位委员做点儿与这个专业委员会相称的事情。6月22-23日第一次在北京怀柔召开编译出版委员会成立暨工作研讨会，我和专业委员会的各位委员就提出要翻译国外的重要著作，并提出了一些选题。但由于出版社没有落实，这一计划迟迟没有实施。2013年初，因为工作原因，结识了与《图书情报工作》杂志社有多年合作历史的海洋出版社有关领导。谈了我的想法，得到了出版社的支持。很快，就成立了以国外文献翻译专业委员会委员为主体的图情出版专家委员会，共同策划组织了这套"国外图书馆学情报学经典译丛"。海洋出版社负责版权谈判和出版，在译者和编者的辛勤努力下，这套丛书终于得以与中国的广大读者见面。

就我个人而言，从大学时起，我就比较关注国外的图书馆学情报学文献，还曾试着翻译国外期刊的专业文章，请专业英语老师审校指点。读研究生期间，撰写的第一篇关于公共关系的文章（1987年发表在《黑龙江图书馆》），就是在北大图书馆翻阅国外的文献而受到启发而完成的。研究生毕业后当老师，随后到中科院文献情报中心读博士，直到留在这里工作，当导师、做编辑，我始终坚持跟踪国外的研究成果。读博士期间，还为《大学图书馆学报》组织了多期"海外同期声"栏目的多篇介绍国外研究成果的文章。我还先后担任国际图联（IFLA）"图书馆理论与研究"专业委员会的常设委员（2003—2013）和"信息素质"专业委员会的常设委员（2013—），非常关注国际图情领域的发展变化。我始终认为，作为一名学者或研究人员，一定要有宽阔的学术视野，要具有与国际学术界沟通交流的能力。经常性地阅读国外的专业文献，应是研究人员的基本素质。如果能借助于业界的力量，有计划地将国外的研究成果翻译过来，也会帮助很多人克服语言的障碍，推动国际学术交流和知识共享。

首批策划的 7 本书已经基本翻译完成，开始进入编辑录排阶段，将开始陆续与国内的广大读者见面。第二次专家委员会会议策划的其他多本图书，也将进入联系版权等操作程序。我们深知，靠海洋出版社出版的这套译丛（数量将不断地增加）难以满足国内广大读者的需要，主体上还需要更多的读者研读原著，但我们相信，这套丛书将会给广大读者提供一个很好的了解国外图情研究成果的窗口，为广大读者进行系统而深度的科学研究提供丰富的资料，提供有益的借鉴和启示。

尽管是十几名专家共同策划的结果，但无论在选题还是翻译的组织上，都可能存在不尽如人意的地方，诚恳期望广大的专家和读者指出，并提出更合适的选题方案，以便纳入下一年度的选题计划中，更好地做好我们的工作。

在此，感谢海洋出版社为译丛的版权引进和编辑出版所做的大量工作，感谢所有译者为国外重要的研究成果引入国内所付出的辛苦和所做出的贡献。

期待中国的图书馆学情报学研究更上一层楼，在吸收和借鉴国外的研究成果基础上，有所创新，有所突破，推动中国的图书馆学情报学理论建设、学科发展和实践创新不断走向新水平。

初景利

《图书情报工作》杂志社社长、主编、教授、博士、博士生导师

中国图书馆学会编译出版委员会国外文献翻译专业委员会主任

2014 年 1 月 26 日 北京中关村

序

近年来，IT（信息技术）、互联网的发展取得了令人瞩目的成就。近20年间，使用互联网、手机、个人电脑等已经成为人们日常生活的一部分。随着搜索引擎的普及，互联网完全改变了普通民众及研究人员的信息收集行为。过去，人们收集所需信息，主要依靠书籍、期刊、报纸等纸质媒体，而现在则倾向于使用网络。在过去主要利用图书馆收集信息的人群当中，使用网络也成为一种趋势。

在这样的大环境中，图书馆的信息服务不得不进行艰难的转型。图书馆的业务及服务，不仅仅是提供资料，而是要将重心放在提供信息上。在开展更为灵活、更有意义的服务的同时，还要与强大的搜索引擎开展竞争，为用户提供搜索引擎无法提供的高附加值服务。

当然，对于需要资料或信息的用户来说，通过搜索引擎收集信息和利用图书馆的参考咨询服务，这两种方式在诸多方面均有不同，其中重要的一点就是所获信息的可靠性。但是，毫无疑问，互联网的出现，为图书馆用户等普通民众获取信息提供了更多渠道，而IT技术的发展和应用，会加速这一进程。

在这种形势下，要编纂一部关于信息服务方面的教科书无疑是非常困难的。使图书馆服务的发展能跟上技术进步和社会变化的步伐并不是一件容易的事。本书所介绍的服务方法，可能在两三年后就落伍了（实际上，本书所阐述的内容甚至可能因图书馆服务出现革命性变化，从而一夜之间就变得过时）。

我们认为，在这种形势下，对图书馆所处环境的把握能力和对信息服务进行设计与评价的思考能力就显得非常重要。文部科学省此次发布的《图书馆相关科目》报告，在"信息服务论"概要说明中，要求首先"要明确图书馆开展信息服务的意义"，也是与这一情况相符合的。

编辑本书的目的，旨在让用户更好地理解"信息服务论"的基本要点及相关知识。我们请在各自领域的研究与实务中积累了丰富经验的老师们负责执笔,从而使专业的内容变得更加通俗易懂。本书的整体编纂由我负责,但因有上述困难,再加上本人才疏学浅,恐难达到编纂目的。

　　本书的编纂,得到了主编高山、植松两位先生及树村房出版社大塚先生的多方关照。在此表示衷心的感谢!

执行主编　山崎久道

2013 年 3 月 7 日

前　言

本书的内容结构如下：

（1）说明图书馆所处环境的变化，尤其信息社会的现状（第1章），讲述在目前形式下图书馆开展信息服务的意义（第2章）。

（2）阐明图书馆开展信息服务的意义，说明信息服务的种类与特征（第2章）。

（3）说明信息服务的核心内容——参考咨询服务的理论知识（第3章）。

（4）阐述参考咨询服务方法和问题以及目前面临的课题（第4章）。

（5）说明如何利用近年在信息服务中占据重要地位的数据库开展信息检索（第5章）。

（6）说明信息服务中所用信息资源的特质、构成及种类（第8章）。

（7）说明发布信息型服务及用户教育的发展动向，揭示今后信息服务的发展方向（第6、7章）

注：信息服务最近出现的重要动向，就是开展图书馆用户教育，宣传图书馆及图书馆提供的各种服务，或介绍各种数据库、电子期刊的使用方法。本书第7章及第2章都谈到了这一问题。这种教育被称为"利用教育（istruction）"、"用户教育（user education）"或"图书馆利用教育（library use education）"，但目前还没有一个确定的统一名称。本来，作为教科书，理当努力予以统一，但基于现实情况，本书保留了各位执笔者所用不同名称。以上所列各名称，在本书中意义基本相同。

以上内容如下图所示。

1

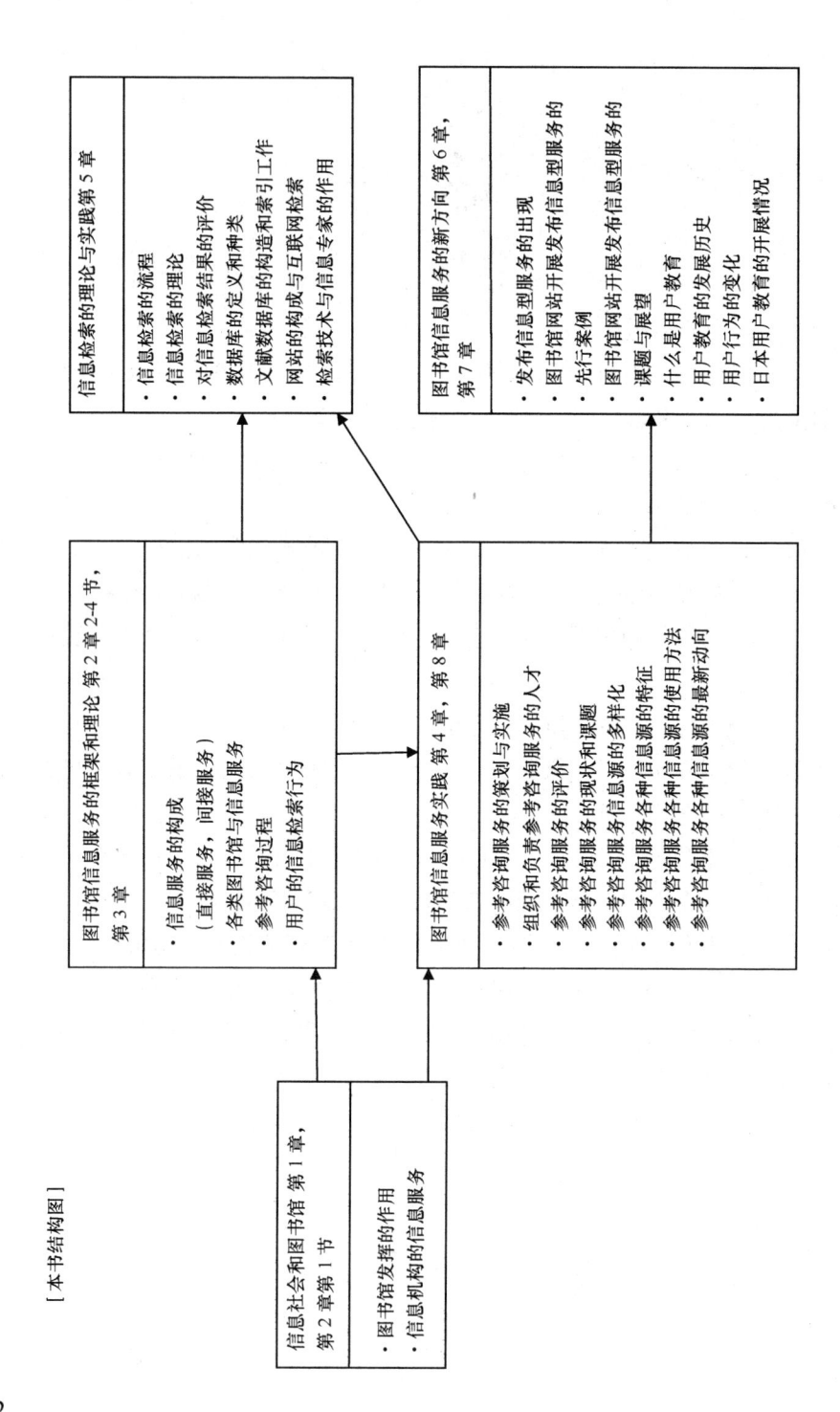

[本书结构图]

信息社会和图书馆 第 1 章，第 2 章第 1 节
- 图书馆发挥的作用
- 信息机构的信息服务

↓

图书馆信息服务的框架和理论 第 2 章 2-4 节，第 3 章
- 信息服务的构成（直接服务，间接服务）
- 各类图书馆与信息服务
- 参考咨询过程
- 用户的信息检索行为

↓

图书馆信息服务实践 第 4 章，第 8 章
- 参考咨询服务的策划与实施
- 组织和负责参考咨询服务的人才
- 参考咨询服务的评价
- 参考咨询服务的现状和课题
- 参考咨询服务各种信息源的多样化
- 参考咨询服务各种信息源的特征
- 参考咨询服务各种信息源的使用方法
- 参考咨询服务各种信息源的最新动向

↑

信息检索的理论与实践 第 5 章
- 信息检索的流程
- 信息检索的理论
- 对信息检索结果的评价
- 数据库的定义和种类
- 文献数据库的构造和索引工作
- 网站的构成与互联网检索
- 检索技术与信息专家的作用

图书馆信息服务的新方向 第 6 章，第 7 章
- 发布信息型服务的出现
- 图书馆网站开展发布信息型服务的先行案例
- 图书馆网站开展发布信息型服务的课题与展望
- 什么是用户教育
- 用户教育的发展历史
- 用户行为的变化
- 日本用户教育的开展情况

2

目　次

第1章　信息社会与图书馆 ……………………………………… (1)
　1.1　何谓信息社会 …………………………………………… (1)
　　1.1.1　IT(信息技术)的飞速发展 ……………………… (1)
　　1.1.2　互联网带来的革命性变化 ……………………… (3)
　　1.1.3　社会开始重视信息价值 ………………………… (5)
　　1.1.4　信息的重要性愈加突出 ………………………… (5)
　1.2　图书馆发挥的作用 ……………………………………… (6)
　　1.2.1　信息爆炸？亦或信息洪水？ …………………… (6)
　　1.2.2　"信息鉴别"的必要性 …………………………… (8)
　　1.2.3　"信息的中介者" ………………………………… (10)
　　1.2.4　从外借型图书馆转变为调查研究型图书馆 …… (10)

第2章　图书馆提供信息服务的意义与实践 ………………… (13)
　2.1　信息服务机构提供的信息服务 ………………………… (13)
　　2.1.1　信息服务的意义 ………………………………… (13)
　　2.1.2　社会上的信息服务 ……………………………… (13)
　2.2　图书馆提供信息服务的意义与构成要素 ……………… (15)
　　2.2.1　图书馆提供信息服务的意义 …………………… (15)
　　2.2.2　信息服务的构成要素 …………………………… (17)
　2.3　信息服务的构成 ………………………………………… (19)
　　2.3.1　直接服务 ………………………………………… (20)
　　2.3.2　间接服务 ………………………………………… (26)
　2.4　各类图书馆与信息服务 ………………………………… (29)
　　2.4.1　公共图书馆 ……………………………………… (29)
　　2.4.2　高校图书馆 ……………………………………… (29)
　　2.4.3　专业图书馆 ……………………………………… (29)

1

  2.4.4 中小学图书馆 ……………………………………………… (30)

第3章 参考咨询服务的理论与实践——1
信息检索行为与参考咨询流程 ……………………………… (32)
 3.1 何谓参考咨询流程 …………………………………………… (32)
  3.1.1 参考咨询流程的概念 …………………………………… (32)
  3.1.2 参考咨询流程的模式 …………………………………… (33)
 3.2 用户的信息检索行为及信息需求的构成 …………………… (35)
  3.2.1 用户在图书馆的信息检索行为 ………………………… (35)
  3.2.2 用户信息需求的构成 …………………………………… (37)
 3.3 参考咨询流程 ………………………………………………… (39)
  3.3.1 受理咨询 ………………………………………………… (39)
  3.3.2 明确咨询内容 …………………………………………… (40)
  3.3.3 咨询内容的分解与剖析 ………………………………… (42)
  3.3.4 检索方针的确定与检索的实行 ………………………… (45)
  3.3.5 参考咨询的答复 ………………………………………… (46)
  3.3.6 参考咨询接谈 …………………………………………… (48)

第4章 参考咨询服务的理论与实践——2
开展参考咨询服务涉及的具体问题 ………………………… (52)
 4.1 参考咨询服务的策划与实施 ………………………………… (52)
  4.1.1 参考咨询服务的实施与运营资源 ……………………… (52)
  4.1.2 参考资料的组织 ………………………………………… (57)
 4.2 参考咨询服务的组织与人才 ………………………………… (60)
  4.2.1 参考咨询服务的运营与组织 …………………………… (60)
  4.2.2 参考咨询馆员的职务与培训 …………………………… (61)
  4.2.3 灵活运用参考咨询服务案例的意义 …………………… (67)
 4.3 参考咨询服务的评价 ………………………………………… (68)
  4.3.1 经营管理问题 …………………………………………… (68)
  4.3.2 服务评价中的问题 ……………………………………… (70)
  4.3.3 参考咨询服务效果的测定 ……………………………… (72)
 4.4 参考咨询服务的现状与课题 ………………………………… (74)
  4.4.1 当前参考咨询服务的热点问题 ………………………… (74)

  4.4.2 数字参考咨询服务 …………………………………………… (77)
  4.4.3 参考咨询服务的发展方向 …………………………………… (78)

第5章 何谓信息检索 ……………………………………………………… (80)
5.1 信息检索的种类 ………………………………………………………… (80)
  5.1.1 人工检索与计算机检索 ……………………………………… (80)
  5.1.2 追溯检索与查新检索 ………………………………………… (82)
  5.1.3 书目信息检索与事实检索 …………………………………… (83)
  5.1.4 自然语言检索与受控语言检索 ……………………………… (83)
  5.1.5 倒排文档检索与全文检索 …………………………………… (84)
  5.1.6 概念检索与联想检索 ………………………………………… (86)
5.2 信息检索的流程 ………………………………………………………… (86)
5.3 信息检索的理论 ………………………………………………………… (89)
  5.3.1 三种逻辑运算和逻辑运算式 ………………………………… (89)
  5.3.2 截词检索 ……………………………………………………… (92)
5.4 检索结果的评价 ………………………………………………………… (93)
  5.4.1 用户满意度 …………………………………………………… (93)
  5.4.2 查全率与查准率 ……………………………………………… (94)
5.5 数据库的定义与种类 …………………………………………………… (96)
  5.5.1 数据库的定义 ………………………………………………… (96)
  5.5.2 数据库的种类 ………………………………………………… (96)
5.6 文献数据库的构造和标引 ……………………………………………… (98)
  5.6.1 文献数据库的构成与记录 …………………………………… (98)
  5.6.2 文献数据库与标引 …………………………………………… (98)
5.7 网站的构造与互联网检索的结构 ……………………………………… (103)
  5.7.1 网站与网页 …………………………………………………… (103)
  5.7.2 互联网检索 …………………………………………………… (103)
  5.7.3 搜索引擎的种类 ……………………………………………… (103)
  5.7.4 使用搜索引擎的注意事项 …………………………………… (106)
  5.7.5 其他检索手段 ………………………………………………… (106)
5.8 检索技术与信息专家的作用 …………………………………………… (107)
  5.8.1 信息检索必要的技术 ………………………………………… (107)

5.8.2 信息专家的作用 …………………………………… (108)

第6章 发布信息型服务的开展 …………………………… (110)

6.1 发布信息型服务的出现 ……………………………… (110)
 6.1.1 何谓发布信息型服务 ……………………… (110)
 6.1.2 利用图书馆网站开展的几项发布信息型服务 …… (111)

6.2 利用图书馆网站开展发布信息型服务案例 ………… (113)
 6.2.1 下一代OPAC …………………………………… (113)
 6.2.2 "我的图书馆"功能 …………………………… (114)
 6.2.3 数字档案馆 …………………………………… (115)
 6.2.4 机构知识库 …………………………………… (116)
 6.2.5 主题信息 ……………………………………… (119)

6.3 图书馆发布信息型服务的课题与展望 ……………… (120)
 6.3.1 课题 …………………………………………… (120)
 6.3.2 展望 …………………………………………… (122)

第7章 用户教育的现状与展望 …………………………… (123)

7.1 何谓用户教育 ………………………………………… (123)

7.2 用户教育发展史 ……………………………………… (124)
 7.2.1 美国的用户教育发展历史 …………………… (124)
 7.2.2 应对信息环境的变化 ………………………… (127)
 7.2.3 作为"场所"的图书馆 ………………………… (128)

7.3 用户利用行为的变化 ………………………………… (128)

7.4 日本开展用户教育的情况 …………………………… (129)
 7.4.1 1960-1970年代 ……………………………… (129)
 7.4.2 作为开展"调查式学习"场所的中小学图书馆 … (130)
 7.4.3 对高校图书馆的期望 ………………………… (130)
 7.4.4 公共图书馆开展的用户教育 ………………… (132)

7.5 各种用户教育活动 …………………………………… (134)
 7.5.1 迎新活动 ……………………………………… (134)
 7.5.2 虚拟图书馆之旅 ……………………………… (135)
 7.5.3 信息检索方法指导(文献检索) ……………… (135)
 7.5.4 数据库检索培训 ……………………………… (136)

7.5.5　信息导航(PathFinder) ……………………………………(137)
　　7.5.6　信息表达方法指导 …………………………………………(138)
　　7.5.7　自学教程 ……………………………………………………(139)
7.6　今后的课题与展望 …………………………………………………(139)
第8章　各种信息源的特征与利用方法 ………………………………(141)
8.1　信息服务所用信息源的多样化 ……………………………………(141)
8.2　信息服务所用各种信息源的特征 …………………………………(142)
　　8.2.1　参考咨询工具书 ……………………………………………(143)
　　8.2.2　数据库 ………………………………………………………(144)
　　8.2.3　互联网上的信息 ……………………………………………(147)
8.3　信息服务中各种信息源的使用方法 ………………………………(150)
　　8.3.1　文献信息检索概念图 ………………………………………(151)
　　8.3.2　图书信息的检索 ……………………………………………(153)
　　8.3.3　期刊信息的检索 ……………………………………………(155)
　　8.3.4　报纸报道的检索 ……………………………………………(157)
　　8.3.5　专业信息的检索 ……………………………………………(158)
　　8.3.6　参考咨询案例集 ……………………………………………(159)
8.4　掌握各种信息源的最新动向 ………………………………………(161)
参考文献 …………………………………………………………………(164)

第1章 信息社会与图书馆

1.1 何谓信息社会

1.1.1 IT（信息技术）的飞速发展

在我们的日常生活与工作中，计算机或互联网等信息技术已不可或缺。信息技术飞速发展，社会变革使原有各种限制不断放宽，个人意识变化产生社会价值观多元化。受此影响，图书馆所处的社会环境发生了巨大变化。要研究图书馆或信息服务今后的发展方向，重要的一点就是要认清图书馆环境的变化方向。

首先，让我们来看看各种信息媒体的发展状况，这是信息技术发展的具体体现。（请参照表1-1）

表1-1 信息媒体的发展动向

项目	单位	1998	2003	2008	1998	2003	2008	备注
书籍发行	亿日元	17,119	14,793	14,817	100	86	87	
杂志发行	亿日元	21,645	19,166	17,807	100	89	82	
报纸销售收入	亿日元	12,927	12,640	12,308	100	98	95	
影视行业收入	亿日元	1,709	2,033	1,948	100	119	114	无1998年数据，使用2000年数据
电影视频软件市场（租赁+销售）	亿日元	4,439	5,276	5,209	100	119	117	
音乐唱片生产金额	亿日元	6,075	3,997	2,961	100	66	49	唱片、CD、卡式录音带销售额合计
卡拉OK	亿日元	10,982	7,851	6,899	100	71	63	

续表

项目	单位	1998	2003	2008	1998	2003	2008	备注
网上音乐销售	亿日元	958	1,129	1,773	100	118	185	无1998年数据,使用2000年数据
地波电视营业收入（NHK+民营广播电视）	亿日元	28,312	29,548	28,981	100	104	102	无1998年数据,使用2000年数据
有线广播电视收入	亿日元	2,244	3,330	4,667	100	148	208	无1998年数据,使用2000年数据
电子游戏（软件+硬件）	亿日元	6,586	4,462	6,580	100	68	100	
动漫市场	亿日元	1,651	1,903	2,129	100	115	129	剧场放映+电视播放+视频软件播放+网络点播
互联网用户数	万人	5,993	7,730	9,011	100	138	161	无1998年数据,使用2001年数据
通信销售额	亿日元	23,900	27,900	41,400	100	117	173	无1998年数据,使用2000年数据
电话通信业销售额（第一种+第二种）	亿日元	164,971	161,403	154,251	100	98	94	无1998年数据,使用1999年数据
移动通信市场（手机）	亿日元	59,822	90,445	90,108	100	151	151	

（表中数据源于"電通総研編『情報メディア白書2010』ダイヤモンド社"）

该表显示的是16种信息媒体（及类似媒体）在三个不同时间（1998年、2003年、2008年）的实际业绩值及指数（以1998年为100）。为便于比较，实际业绩值尽量使用销售金额。

我们从表1-1中可以推测出以下几点：

第一，当今作为信息载体的信息媒体多种多样。"书籍"、"杂志"、"报纸"等纸质印刷品，被称为活字媒体。视频软件、音频软件、卡拉ok、电视等是提供影像、音乐的媒体。此外还有互联网、电话等人们相互沟通交流使用的媒体。当今社会存在着各种各样的信息媒体，即媒体的多样性。

第二，不同的媒体发展态势不同。有的在不断发展，有的则停滞不前甚至衰退。印刷媒体的市场规模在逐渐缩小，"网上音乐销售"、"有线电视"、"互联网"等电子媒体增长显著。不同的媒体，增长率有所不同。用一句话来概括，即印刷品一统天下的情况的确已发生了变化。

第三，个人的沟通交流手段不断推陈出新。互联网和手机的发展就说明了这一问题。

这就是图书馆所处的环境，也是图书馆用户所处的环境，甚至可以说这是现代人置身其中的信息环境。在媒体利用方面，家庭与工作单位之间的差别越来越小。过去，计算机是仅为企业等使用的"高级"机器，而现在，单位都规定计算机要有一定的使用年限，反而是家庭常会购买最新型的个人计算机。

综上所述，社会生活中的信息环境正在发生巨大变化，如果图书馆无视这种状况，依旧像过去那样主要提供印刷品文献，则无法满足用户需求。在思考图书馆的信息服务时，我们首先要对这个问题有清醒的认识。

1.1.2 互联网带来的革命性变化

以上提及的信息媒体，与图书馆信息服务关系最为密切的，就是互联网。日本互联网的使用频率如下表所示。

表1-2 互联网的使用频率（2008年末，单位%）

	个人计算机	手机
每日至少使用1次	47.3	49.8
每周至少使用1次	28.1	16.7
每月至少使用1次	12.4	8.2
超过一个月以上时间使用1次	8.2	12.2
无回答	4.0	13.1

（電通総研編『情報メディア白書2010』ダイヤモンド社，p189）

50%的人每天都在使用互联网。到目前为止，除印刷品外，还没有任何一种信息媒体能具有如此强大的影响力。更何况与印刷品等相比，互联网具有方便、简单的特点，人们利用手机就能上网。

那么，人们用互联网做什么呢？从表1-3中我们可以看出，人们在网上的行为是多种多样的。其中，1阅览企业、政府的主页或博客，3阅览个人主页、博客，6接收电子期刊（含收费和免费），7获取数字产品（音乐·音频、图像、游戏软件等），9阅览电子布告（BBS）及聊天记录等，都属于"利用信息服务"。其他行为也大多包括信息搜集的过程。可以说，互联网的使用，让信息服务的提供与利用都产生了天翻地覆的变化。

表1-3　人们利用互联网的目的（2008年末）　　　（%）

	个人计算机	手机
1. 阅览企业、政府的主页、博客	56.8	13.6
2. 收发电子邮件（电子期刊除外）	49.1	54.5
3. 阅览个人主页、博客	47.4	16.3
4. 购买、交易商品或服务（金融交易除外）	45.5	30.1
5. 地图信息提供服务（含收费和免费。包括换乘导引、线路检索服务）	36.8	14.0
6. 接收电子期刊（包括收费和免费）	22.1	15.3
7. 获取数字产品（音乐·声音、影像、游戏软件）	19.4	21.8
8. 网上拍卖	18.1	5.3
9. 阅览电子布告栏、聊天记录	13.0	6.1
10. 金融交易（网上银行、网上贸易等）	12.6	3.3
11. 回答调查问卷	11.3	4.8
12. 参与问答竞赛、有奖征集等活动	10.1	5.5
13. 交换、下载电子文件（P2P，FTP等）	9.0	1.9
14. 玩在线游戏（网络游戏）	8.2	4.2
15. 就业、跳槽（获取招聘信息、应聘等）	7.5	2.6
16. 在BBS上发布信息，参加网络聊天	7.0	3.8
17. 参与社会性网络服务（SNS）	5.1	3.0
18. 开设、更新博客	5.0	2.1
19. 建立、更新个人主页（博客除外）	4.7	1.0
20. 利用政府、自治体的网络服务（在网络上提交申请、申报）	4.4	0.0
21. 接受远程教育（E-learning）	3.0	0.1
22. 居家办公（telework、SOHO）	0.8	0.0
23. 利用3D虚拟网络空间（"Second Life"，"splume"等）	0.7	0.1
24. 发行电子期刊	0.7	0.6
25. 其他	5.2	2.7

（電通総研編『情報メディア白書2010』ダイヤモンド社，p189）

1.1.3 社会开始重视信息价值

人们会根据天气预报决定自己出门时是否携带雨伞。信息已经成为我们的行动指南。"基于正确信息采取行动就能获得理想的结果","基于错误信息采取行动就会惨遭失败"。这不仅对个人,而且对企业等组织机构来说也是千真万确的。在纷繁复杂的社会中,人们之间形成了互相依存的关系,某一条信息的有、无、真、伪,都会造成重大影响。

与此同时,信息在社会中所占的地位也在不断提高,人们对信息价值的认识不断发生变化。以与日常生活息息相关的 T 恤的销售价格为例,一般来说,一件 T 恤的价格在 1 000 日元至 2 000 日元之间。人们会以为,既然 T 恤是纤维产品,则购买 T 恤的钱是花在纤维(即布料)上的。但其实,T 恤所用布料没有那么贵。

T 恤的相当一部分成本,是用于设计印制在 T 恤上的具有个性化的图案或图标。这种个性化的图案或图标,很明显就是信息。平淡无奇的 T 恤,之所以价位不同,原因就在于其图案或图标所包含的信息不同。最近网上流行的订制个性化 T 恤,其价格除布料钱以外,大部分是用于支付制版费和印制费。从这个角度来看,T 恤就不是纤维产品而是信息产品了(梅棹忠夫以领带为例讨论这一现象[①])。

同样的情况也出现在品牌产品上。同样是提包,其价格的差别并不取决于材质和功能的差别,品牌产品所包含的信息发挥了很大的作用。品牌产品所提供的品牌信息,能让拥有者产生满足感或优越感,人们对品牌产品这种功能的预期,反映在了产品的价格中。

1.1.4 信息的重要性愈加突出

快递服务也不是单纯提供货物运输的服务。快递公司用计算机和通信系统进行管理,掌握哪一辆货车运送哪位顾客的货物、现在货物已运送到哪里等,并将这些工作细节作为信息提供给顾客,进而可以让顾客指定配送日期与时间。实际上,这一功能已经成为快递服务重要的附加值,这种服务与其说是"运输功能",不如说是"信息功能"更为贴切。

[①] 梅棹忠夫. 情報の文明学. 中央公論社,1988,p114 – 116.

同样的情况也发生在便利店业务中。便利店并不只是陈列、销售商品，而是利用POS（Point of Sale：销售情况即时管理）系统，将已售商品的种类、品名、数量即时输入计算机中，通过通信系统传送到总公司，作为下一步进货环节的参考。甚而更进一步，将便利店周边气候或所发生事件等信息进行综合整理，用以分析顾客的购买动机，开展市场营销工作。这简直是对信息的高度利用，与其称之为零售业，不如说是信息处理业更为贴切。

对于"生产产品"的制造商来说，产品开发是否成功，取决于能在多大程度上满足顾客的需求和意见。因此，在互联网上开设窗口，将顾客的感想、意见和需求收集起来制作成数据库，用于指导今后的经营与开发就显得非常重要。此外，如果不能掌握社会上流通的专利信息等技术情报，并将之应用于新技术开发及产品开发，则无法确保企业能够获得稳定收益。

在服务业中，这种情况表现得更为彻底。铁路、航空等运输服务业，座席预约系统已经成为服务的基础；在银行等金融服务业中，网上银行（通过互联网开展的银行交易）已占据重要地位。信息在服务业中已经成为一种重要的商品，甚至是附加价值的源泉。无论服务业还是制造业，那些能够有效利用信息的企业都将获得成功。

在部分行业，信息甚至直接发挥威力。比如来自海外民营企业——资信评估公司的一条信息，尤其是该信息显示某企业评估等级下降时，在极端情况下甚至能够左右该企业的命运。

可以说，信息推动着社会运转，是企业利润的源泉。信息的重要性已经达到前所未有的程度。

1.2 图书馆发挥的作用

1.2.1 信息爆炸？亦或信息洪水？

人们在使用Google或Yahoo! 检索什么呢？即使互联网上各种信息泛滥，人们在日常生活中检索的信息内容，都具有一定的倾向。在某搜索引擎的"使用攻略"中，列举有以下内容[①]：

---

① Web 研究会. Google&Yahoo! JAPAN 完全利用術. 永岡書店, 2007, p255.

表1-4 人们利用搜索引擎进行检索的信息项目

词语的意思	官网一站式检索	风景图片	路况信息
产品价格	相关网页	图像检索	医院、药品信息
料理秘诀	"吉本芭娜娜"	新闻	灾害速报
计算机报错信息	英语单词的意思	地图	寻找职业资格培训学校
佳能与尼康	黑猫大和运输公司配送情况某特定公司的信息，指定股票的股价	社区信息	不动产物品
"HP改竄"与"HP改ざん"的"或"的逻辑检索	信息检索换乘方案	向新闻机构投稿	动画
"等离子"（"电视机"除外）	前往会场的交通路线	分类检索	音乐
"个人股票投资"	特定网站的链接	邮件检索	商品
"IT"	特定网址	博客检索	旅行
"魂断威尼斯"		天气预报	政治家的政见

将以上检索内容进行分类，可得到如下结果。

表1-5 人们利用搜索引擎进行检索的信息项目（分类）

固有名词、词语完全匹配	概念检索	其他
词语的意思	计算机报错信息	动画
产品价格	"HP改竄"与"HP改ざん"的"或"的逻辑检索	音乐
料理秘诀	"等离子"（"电视机"除外）	
佳能与尼康	"个人股票投资"	
"魂断威尼斯"	"IT"	
官网一站式检索	风景图片	
相关网页	分类检索	
"吉本芭娜娜"	商品	
英语单词的意思	旅行	
黑猫大和运输公司配送情况		
某特定公司的信息，指定股票的股价信息		
检索换乘方案		
前往会场的交通路线		
链接至特定网站		
特定网址		
图像检索		

7

续表

固有名词、词语完全匹配	概念检索	其他
新闻		
地图		
社区信息		
向新闻机构投稿		
邮件检索		
博客检索		
天气预报		
路况信息		
医院、药品信息		
灾害速报		
寻找职业资格培训学校		
不动产物品		
政治家的政见		

从上表中可以看出，以固有名词、词语完全匹配为目标的检索主题占据了绝大多数。这些检索主题难以根据图书馆分类法进行分类。而且过去一直以分类检索为主的雅虎，现在也像谷歌那样将任意词检索置于首要地位。这表明，网络检索中分类法检索并未占据主要地位。

信息利用者在进行信息检索、收集过程中，其可选择的手段远比互联网出现之前要多得多。因此，有些人已经完全不再利用图书馆或图书馆提供的信息服务。互联网普及范围越广，信息利用者通过互联网收集信息的比例越高，人们对图书馆及图书馆员的依赖程度就越低。

1.2.2 "信息鉴别"的必要性

如前所述，图书馆所处的环境，最剧烈的变化当数资料·信息的数字化及网络发展所带来的信息流通渠道的变革。这种变化如图1-1所示。

简单来说，在过去，图书馆获取图书、杂志等资料之后，会直接提供给用户（渠道①）。在信息技术发展初期阶段，互联网这种网罗性的、使用便利的信息媒体尚不存在，图书馆作为中介，向用户提供利用信息技术（商用数据库、光盘等）组织起来的信息（渠道②）。

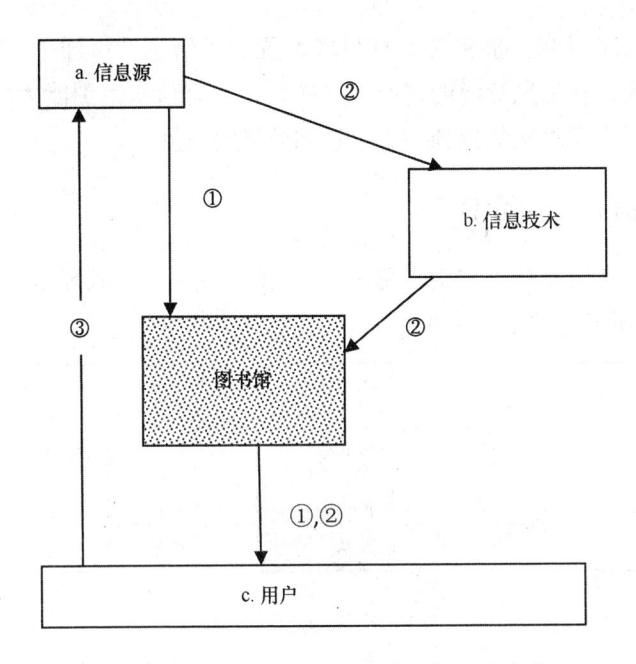

图 1-1　以图书馆为中心的信息流通的变化

（此图在"山崎久道『専門図書館経営論：情報と企業の視点から』日外アソシェーツ，1999，p145"的基础上做了一些改动）

然而，一旦互联网广泛普及，用户利用互联网收集信息的比例增高，对图书馆的依赖程度就会降低。在互联网上提供信息的，并非过去的数据库经销商①，而是数据库生产商②。用户直接获取信息源这种崭新的渠道便产生了（渠道③）。

信息利用者自己直接获取信息资源，而且获取速度也在不断提高。一旦这种渠道占据主导地位，作为信息流通中介者的图书馆及图书馆员等信息专业人士的地位便被弱化③。

目前的状况是，越来越多的人选择利用互联网或手机，按自己喜好的检索方式收集信息，而不再依赖于图书馆。但是他们所获得信息的数量和质量

---

① database distributor，也常被称为供应商（vendor），如 DIALOG，STN。
② 信息的生产者与消费者（用户）直接发生联系，是互联网商业贸易的普遍特征。
③ 山崎久道．専門図書館経営論：情報と企業の視点から．日外アソシエーツ，1999，p143-146．

是否都能令人满意呢？事实是，有很多人置身于信息的海洋中，需要得到帮助。人们认为，在信息泛滥的情况下，必须由具有信息鉴别能力的专业人员，提供既符合用户需求又能达到一定数量和质量的信息。

1.2.3 "信息的中介者"

图书馆的作用就在于"信息鉴别"。之所以这么说，其理由如下。

图1-2所显示的是如下过程。

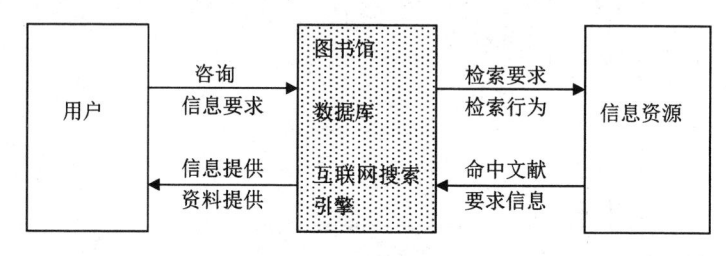

图1-2 图书馆的作用

1）信息利用者向图书馆咨询信息收集方面的问题或提出对信息的需求。

2）图书馆在接到咨询或信息需求后，针对咨询内容从现有的信息资源中寻找出最适合的答案。此时，用户的咨询及信息需求，转变为对信息资源的检索要求。

3）按检索要求挖掘信息资源。

4）获取符合检索要求的"命中文献"或所需信息。

5）向用户提供文献或信息。

用户最清楚自己需要什么信息，而图书馆员则熟悉所有信息资源。因此，图书馆员在了解用户所需信息后，利用自己的专业知识，代替用户从"信息的海洋"中找出所需信息，承担着信息鉴别、信息领航员的角色。

因此，对图书馆员的资质和能力进行检验就显得非常有必要。图书馆员必须具备哪些条件，才能做到既能机敏地捕捉环境变化，又可高效地提供信息服务？这是决定图书馆及图书馆所提供信息服务未来发展的一个重要问题。

1.2.4 从外借型图书馆转变为调查研究型图书馆

最后，我们来总结"信息服务"为何在图书馆各项工作中变得愈加重要。

其原因，我们可以从外部环境——"社会"、服务对象——"用户"和履行职责——"图书馆"这三个方面进行分析。

首先来看整个社会。

1）信息量增加

2）信息源多样化

3）社会复杂化

4）生活节奏变快

5）数字鸿沟①的出现

其中1）和2）与信息的产生有关；3）和4）造成人们对信息质量要求高、时限紧；5）则意味着需要大量参考咨询服务的用户群的出现。

其次，我们来看图书馆用户这一方的情况。

1）为解决复杂问题需要信息

2）重视终生学习、毕生事业

3）对信息检索技能的认识不断提高，从而增进了对图书馆信息服务的理解

4）需要经过鉴别的信息

5）需要精神上的帮助（消除不安）

1）和2）反映了生活的复杂化以及个人的求知欲望越来越高；随着Google等搜索工具的普及，"信息检索"实现大众化，人们对信息检索技能有了新的认识，从而产生了3）这样的结果；4）的产生是因为人们从互联网上获取的信息常是鱼龙混杂，真伪难辨；5）则与"信息咨询"相关，使信息服务有可能获得新发展，更是图书馆对新用户开展服务的缘由。

再次，图书馆一方的情况则包括以下几点。

1）有效利用图书馆的信息源

2）工作重点从"提供资料"转为"提供信息"

3）发挥图书馆服务宣传职能，促进图书馆利用

4）信息服务是图书馆职能的集中体现

5）服务意识不断提高

6）能够有效发挥图书馆员的专业能力

---

① 指"信息鸿沟"，参见第2章（p16）。

1）需要提高资料流通率，即提高图书馆的"生产效率"；2）表明图书馆的服务发生了质的变化；3）与4）表明信息服务是图书馆"中间人"功能的缩影；5）展示了图书馆作为"服务业"的本来面目而受到社会的高度评价；6）则体现在整个工作流程中。

上述各方面因素综合起来看，信息服务变得越来越重要。我们要清醒地认识到，是内因与外因的相互作用产生了图书馆目前所面临的局面，上述各因素今后会愈加强化，因此，对于图书馆来说，信息服务的重要性也将越来越突出。

在这种形势下，图书馆的发展方向将"由传统的外借型图书馆，转型为能够提供调查、研究服务的图书馆"。

第 2 章　图书馆提供信息服务的意义与实践

2.1　信息服务机构提供的信息服务

2.1.1　信息服务的意义

社会的现代化使人们的生活更加丰富多彩，也变得纷繁复杂。人们在职业、收入、家庭结构、兴趣等生活的各个方面都有了更多的选择余地，其结果导致人与人的生活存在着很大的差异。人们为了让自己的生活变得更美好，每天都在有意识无意识地获得信息并灵活地加以运用。个人在日常生活中所需信息的种类越来越多，范围也越来越广。

例如，准备周末去看场电影的人，如果能提前获得电影院的上映信息或影评，就可避免浪费时间；农业经营者如能获得气象信息，或许就能避免受灾，获得更大的收益；患者如能获得治疗方法相关信息，或许就能缩短治疗时间。

在很多情况下，获得正确的信息就能使生活更加便利，甚至有助于人们在面临人生的抉择时做出正确的判断。但在有需要时获取正确的信息，对个人来说却并不是那么容易。需要的信息范围越广，种类越多，也就是生活越复杂，这种现象就越明显。

在这种情况下，信息的价值逐渐被人们所认识，由信息服务机构提供信息服务的业务便应运而生。下面我们来了解社会上广泛开展的信息服务。

2.1.2　社会上的信息服务

在互联网普及之前，信息服务的表现形式有电话报时、电话查询天气预报、电话号码查询、大众媒体①、出版物以及政府或企业的咨询窗口等。除咨询窗口外，上述信息服务更多的是预测并提供大多数人需要的信息，而非针对个性化需求。过去的信息服务并未将目标设置为满足个人形式多样的信息需求上。也就是说，因为社会上存在着调查公司或检索代理者，要满足少数人的专业需求，即研究人员或组织机构等要获取信息，只要支付相应的报酬就能办理委托调查。

近年来，信息技术的发展改变了这一状况。信息实现了数字化，手机、互联网等通信手段已经渗透到人们的日常生活中，信息服务发生巨变，获取信息变得更加便捷，内容也更为广泛。

比如，大众媒体一直在摸索符合各自特性的信息提供方式。信息的提供方式发生了变换，已经由纸媒体的期刊或报纸转向互联网或手机。以报道各种消息为内容的杂志陆续停刊，转而在互联网上提供时效性更强的信息服务。新闻报道则发布到网页上，过去的报道则被建设成为数据库。人们从报社的网站上不仅能够获得最新消息，而且还能够看到照片或图片。在大众媒体领域，今后这种变化仍将继续，淘汰也将不断进行。

政府和企业的咨询窗口会采取以下方式履行部分职责，如在网站上发布服务说明或产品说明，在网站上提供预设的 Q&A 等。有的企业还会开设 BBS 或博客，获取顾客对企业服务和产品的大量真实意见，从而实现信息的双向交流。此外，有的机构还会对组织或机构所藏资料或报告等进行数字化加工，制作成各种数据库发布到网上供公众使用。在过去，政府机构的二次文献或统计数据、政府出版物等资料别说获取，就连在哪里都难以确认。而现在，则便利了许多，任何人都能通过互联网查询使用。搜索引擎的性能也不断提高，对多种多样的信息进行一站式检索成为可能。

各种机构提供的信息服务被转移到互联网上，不仅能够应对个性化的、极其细致的需求，而且速度非常快，并能实现信息双向交流。这种变化还在持续，而且环境也在不断完善，以便让人们动动手指就能获得所需信息。

与互联网普及以前需要付出的劳动力相比，人们现在只要付出较少的劳动力就能够获得所需信息。但是，虽然互联网能提供海量信息，但其内容、存储地、界面、检索功能也是各不相同，非常复杂，而且信息自身的变化也

---

① 指报纸、广播、电视——译者注。

非常快。因此，实际上，人们要把握现有信息服务的整体情况，寻找出符合需求的正确信息，需要付出很多劳动。

要自由地获取信息，就必须解决如何从海量繁杂的信息中搜寻到正确适用的信息。互联网和数字文献的特点是易于复制和传播，因此产生了不准确的信息与高质量信息鱼龙混杂的问题。此外，还有人不仅没有使用过互联网，连电脑也没有接触过，这也逐渐成为一个严峻的问题。

这种环境的变化对人们的行为产生了巨大的影响。比如，过去通过购买的信息杂志来策划周末活动的人们，已不再购买杂志，转而在互联网上搜集信息；过去为了获得会议录而常往议会秘书处跑的人，如今使用互联网在家里就能够获取会议记录；过去根据报纸的中缝广告决定去哪里购物的主妇，转为参考互联网上的价格决定去哪个商店购买什么商品。

信息服务的变化改变了信息利用者的行为。在这种情况下，图书馆作为公共机构提供信息服务的意义何在呢？

2.2 图书馆提供信息服务的意义与构成要素

2.2.1 图书馆提供信息服务的意义

互联网得到普及后，逐渐成为人们收集信息的主要手段，从而引发了人们对图书馆存在必要性的讨论。

但是，正如第2章第1节所述，虽然信息获取变得容易了，但是人们又面临着新的课题。因此，本节将探讨图书馆面对这些新课题能够发挥什么作用，研究图书馆提供信息服务的意义。

从信息服务中享受到实惠的人们，面临的第一个问题就是：由于信息服务的内容及使用方法等非常复杂，难以获取正确的适用信息。比如，如果要知道是否有收录自己所需信息的网站、数据库，需要从公共机构、企业、非营利团体或个人等制作的信息源中进行选择。这些信息源的收录范围、界面、检索功能等都各不相同，而且它们本身也在不断变化。因此，即使有条件能够获得信息源，要从中选取恰当的信息源，正确检索数据库、鉴别检索结果，最终获得正确适用的信息，也实非易事。

在互联网普及以前，图书馆一直利用二次文献、三次文献系统地梳理信息获取方法并提供给用户。如果馆藏资料不能满足需求，各图书馆还会向用户提供自己编制的检索工具。即便信息源从印刷品转变为电子资源，图书馆员积累的知识与技巧也仍以新的方式发挥作用。比如，图书馆在网站上提供附有书目题要的链接、导航（Pathfinder）①、自建数据库等，替代过去提供的纸质二次文献、三次文献；或是通过讲座、在线辅导教程②等形式，指导用户如何使用某一特定数据库或软件（详情请参考本书第7章内容）。

使用这些信息源或服务，用户不必在互联网上毫无方向地搜索，可以高效、全面地搜寻到所需信息。即使互联网上提供的信息服务和信息源不断增加，只要图书馆能够充分利用过去积累下来的知识和技术，开展对用户有帮助的服务，图书馆服务的价值就不会消亡。

我们需要直面的另一个问题是，还有人没有机会直接利用互联网或电脑。目前，各种机构都转为通过互联网提供服务，不上网就无法利用的服务和信息也越来越多。在这种情况下，不能利用互联网就意味着无法享受很多已广泛普及的服务。还有人即使有条件上网，但不具备操作电脑的能力，也无法从这些服务中受益；有人因为购买电脑或上网需要花钱，或因为缺乏电脑知识，家里没有条件上网；也有人即使家里能上网，却出于经济原因而不能使用付费数据库。也就是说，信息环境的变化导致不同的人获取信息的质量和数量也大为不同。

而图书馆则对所有的人一视同仁，不仅免费提供电脑和互联网，而且还提供培训，辅导用户掌握使用电脑和互联网的方法，提高用户的信息素养，为实现人人平等地获取信息做出贡献。图书馆一直以来就发挥着收集、保存印刷品并向人们平等地提供服务这样的社会职能。消除信息鸿沟（digital divide），可以说是图书馆固有社会职责的延伸。

综上所述，图书馆提供信息服务的意义，首先在于提供知识与技术，帮助人们从大量的各类信息源中全面、系统地检索所需信息，最终获得正确、恰当的信息。换言之，图书馆在信息与用户之间发挥着桥梁作用。其次，图书馆保障人人能够平等地获取印刷品及电子资源所记载的信息。互联网使信

---

① 导航(Pathfinder)：对图书馆某一特定主题信息源及其检索方法所做简洁说明，供用户在图书馆查询某一主题文献时参考使用，可提高检索效率。

② 辅导教程(tutorial)：对某产品使用方法或功能进行说明的教材或文件。近来使用较多的辅导软件，可让人们根据提示一步步操作下去就可掌握基本的使用方法。

息获取变得更加容易，但同时也造成没有机会接触到互联网的人们难以获取特定信息，而图书馆则有利于消除这种信息鸿沟。

2.2.2 信息服务的构成要素

信息服务的构成要素有三，即用户、图书馆、信息源（图2-1）。各要素之间的关系如下。

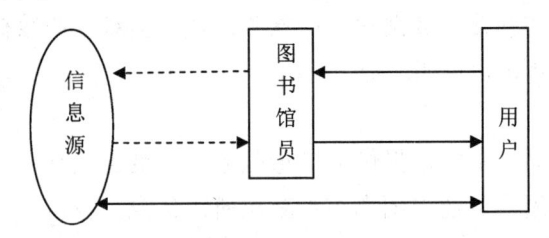

图2-1 信息服务的构成要素及各要素之间的关系

1）信息源

信息源是图书馆员为答复用户咨询而参照使用的文献资源，同时也是用户为满足自己的信息需求而要使用的文献资源，以图书馆提供的参考咨询专藏——参考书或数据库为主。图书馆从用户需求出发，按主题将参考资料收集起来并加以系统化整理，提供给用户使用。除此以外，图书馆所藏普通图书以及图书馆员的人力资源也常被用作信息源。

图书馆提供的信息源，从传统印刷品到数字化产品，其种类和形态多种多样。在图书馆，除馆藏外，网络数据库以及互联网上高质量的信息源也在不断增加，所以图书馆的服务也不断发生变化。无论图书馆员还是用户，均对这种情况感到满意。但与此同时，图书馆为建设信息源的利用环境需要开展的工作也不断增加。数字化信息源的提供机构、收录范围以及使用方法等都不断发生变化，要时时掌握这些信息源的动态并提供相关服务，所需人力也越来越多。

信息源及信息技术的变化，对用户利用图书馆的方式也产生了影响。过去由于各种原因难于去图书馆的用户，现在不用到馆也可通过网络享受各种服务。

除物理距离等问题以外，还有其他因素也左右着用户利用图书馆的形式。

例如：有些人即使能够便捷地到图书馆去，也选择不到馆而通过图书馆网站获取所需服务；也有人到馆后利用网站获取服务；也有人即使在馆外能够上网，也要到馆利用图书馆这一场所来获取信息资源。

要在馆内利用信息源开展信息服务，图书馆必须开辟足够的空间，用于对参考咨询专藏文献进行收纳、排架，以及配备阅览桌、计算机终端等，为图书馆员或用户利用信息源查询文献提供必要的条件。若图书馆的网站还提供链接，供用户访问馆外数据库或信息源，则必须对这些数据库或信息源的内容、使用方法等加以说明。

2）用户

用户指希望通过图书馆提供的信息服务，满足自己某一特定信息需求的图书馆利用者。用户可通过图书馆员获取所需信息，也可自己检索、利用图书馆提供的信息源获取所需信息。

当用户欲通过图书馆员满足自己的信息需求时，其需求具体表现为向图书馆员提出的各种问题。图书馆员根据用户的提问，了解其需求，检索图书馆可利用的信息源，向用户提供信息。

但有时候，用户的信息需求并未表现在咨询问题中，或提出咨询但词不达意。这种情况的出现，缘于用户对自己需求的了解程度、对该主题相关背景知识的掌握水平和对信息需求的迫切程度等有所不同。因此，图书馆员在受理咨询时，必须与用户充分沟通，明确需求。

用户依靠自己的力量获取信息时，会检索馆内的参考咨询专藏文献等信息源，或直接到某一主题的书架上随意翻阅。有不少用户不知道图书馆提供信息服务，或者即使知道可以向图书馆员提出咨询，也会犹豫是否行动，他们很多人希望靠自己的力量解决问题。实际上，用户的信息需求有的得到了满足，有的未得到解决但用户自己就放弃了，这些情况则不为图书馆员所知。

无论是委托图书馆员，还是自己去检索信息源，越来越多的用户不仅在图书馆内，还在图书馆外利用信息服务。在馆外向图书馆员提出咨询，过去是通过电话、传真、函件等，现在则又多了电子邮件、在线交谈等方式，或在馆外通过图书馆网站远程访问数据库。信息技术的进步使用户摆脱了物理空间的束缚，无论在馆内还是在馆外，都能利用图书馆的文献资源和服务。因此，图书馆的服务对象也在不断扩大。

检索技术高超、有判断力、有选择性地使用信息服务的用户越来越多，但也有用户不能适应新生事物。图书馆既要了解个别用户，也要了解用户群的整体情况，时常进行预先判断，让潜在用户更多地利用图书馆信息服务。

3）图书馆员

负责提供信息服务的图书馆员，需要根据用户提出的问题判断其需求，并据此利用信息源，提供符合其需求的信息或信息源。同时，还需要负责收集整理信息源，以便于利用的方式加以编制，供用户或图书馆员使用。无论用户委托图书馆员还是自己检索获取信息，图书馆员在有信息需求的用户与符合需求的信息源之间发挥着桥梁作用。图书馆员的桥梁作用，甚至比该馆是否拥有优质信息源更为重要，成为决定图书馆服务质量好坏的重要因素。

图书馆员在咨询台等服务窗口受理用户咨询，运用图书馆的信息源提供符合用户需求的文献资源。但实际上，图书馆员接受用户咨询并不限定在馆内特定窗口，很多时间是在普通书架等阅览空间进行的。图书馆员不仅要回答用户的问题，往往还需要与用户进行多个回合的交流，以弄清他们真正的需求。图书馆员还应掌握接待用户的礼仪以及与用户沟通的技巧。

用户自行检索信息时，图书馆员看似并未参与其中，而实际上却发挥着重要的桥梁作用。图书馆员需要根据用户的信息需求收集各种信息源，并进行整理、维护，对参考咨询专藏文献进行排架，整理、维护阅览桌和计算机终端，为用户利用信息源提供良好环境等等，这些都是图书馆员的重要工作。尤其图书馆员还要掌握不断变化的数字化信息源的相关知识和检索技巧。

2.3 信息服务的构成

以互联网为代表的数字化信息源不断增加，新的信息技术被引入图书馆服务，给信息服务带来了巨大变化。图书馆信息服务的范围逐渐超出了传统的参考咨询服务，其构成也发生了变化。尽管如此，向有信息需求的个人提供帮助——这一图书馆信息服务的本质并未改变。

本节为让大家更易于了解信息服务，从两个方面进行分析，分别阐述其服务方法。

图书馆员针对用户需求直接提供帮助的，称为直接服务。下面以鲍普

（Richard E. Bopp）① 提出的三种途径为基础予以说明。针对用户需求间接提供的服务称为间接服务，是图书馆开展的间接的、需要做准备工作的业务。

日语"サービス（service）"，一般多含有不计酬劳为用户效劳的意思。因此，将间接业务称为"サービス"或许并不恰当，但是这些业务是间接地、从侧面为用户服务提供保障，与用户服务是密切相连的。因此我们也将这些业务称为间接服务，并加以说明。

2.3.1 直接服务

针对用户提出的信息需求，图书馆员直接对用户提供的服务称为直接服务。鲍普在其著作《Reference and Information Services: An Introduction》中提出，根据用户的信息需求或目的，图书馆员可通过三种方式提供帮助。

第一种是针对用户特定信息需求的"信息提供（information）"，第二种是针对用户欲掌握某一领域信息的查询程序或查询方法，即长期性需求的"针对信息源选择的持续性帮助（guidance）"，第三种是针对用户希望提高信息获取和利用技巧需求的"利用教育（instruction）"。以上完全是为了便于分析说明而进行的分类，三种方式并不完全是独立存在的，三者之间相互关联，相互影响。

1）信息提供

图书馆员针对用户对某一特定信息的需求而提供的帮助称为信息提供（information）。信息提供包括三种方式：一是图书馆员直接答复用户的"回答问题"；二是自有馆藏无法满足用户要求，与其他图书馆合作为用户提供信息的"从书目信息确认到馆际互借"；三是自有馆藏无法满足用户要求而介绍用户去其他机构寻求帮助的"问讯服务"。

（1）回答问题。用户的需求反映在其对图书馆员所提出的问题中。图书馆员针对用户的问询，利用恰当的信息源寻找答案并反馈给用户，这种服务就是回答问题。问询的内容非常广泛，既包括电话号码、地址等通过简单的事实查询就能解决的问题，也包括需要使用馆内外信息源、花费时间进行文献调查的问题。

---

① Bopp, Richard E.; Smith, Linda C. Reference and information Services: An Introduction. 3rd ed. Libraries Unlimited, 2000, p617.

用户咨询内容的难易程度不同，图书馆员为提供答案需要检索的信息源以及所需时间等都是不尽相同的。长泽雅男按难易程度，将咨询的种类分为"导向咨询"、"即答咨询"、"检索咨询"、"调查咨询"这四类①②。

"导向咨询（directional reference question）"指用户就如何利用图书馆设施、馆藏、服务等提出的咨询。其中"在何处可以查询某一特定馆藏资料"是各类图书馆经常被问到的问题。这类问题只要利用馆藏目录或馆内导引图等就能够解决，并不需要使用信息源。有的问题属于馆藏调查或馆内文献布局调查，不能视同为参考咨询。"厕所在哪里"、"一人能借几本书"等关于馆内设施、服务等的问题，也属于导向咨询。这种问题与信息或信息源并没有直接联系，从严格意义上说也不属于参考咨询。但是这类问题有可能引发出参考类咨询。

"即答咨询（quick reference questions）"指类似某机构电话号码或某汉字的读音等问题，一般使用两三种基本信息源就能够解决。无论哪种类型的图书馆，这种即答咨询的问题都比较多，因此可以说对于此类咨询的答复，是信息服务中最为基础的服务。每家图书馆都会根据用户经常提出的问题，在咨询窗口配置相应的信息源。即答咨询有可能会转变为难度更大的问题，也被称为"快速咨询"或"直接咨询"（ready reference questions）。

"检索咨询（reserch question）"不像"即答咨询"那样只需使用几种最基本的参考工具书或数据库就能答复，而是必须检索更多的信息源才能满足用户需求。例如，"希望了解电磁波会对人体产生何种影响"这种问题，用户的信息需求比即答咨询更深入更复杂。有时用户所提的问题并不能确切地传达其自身的信息需求，还需要图书馆员更有效地进行咨询沟通。

"调查咨询（fee - based services and information brokering）"指检索咨询不能满足用户需求，必须花费时间进一步扩大检索范围的咨询。有的图书馆能够提供类似专业图书馆那种周到的服务，会花费相当多的时间进行调查后再将咨询结果提供给用户，或提供文献调查、编制二次文献等书目服务。有的图书馆在花费一定的时间进行检索后仍找不到合适的答案时，多采取中止提

---

① 长泽雅男在其著作《参考咨询服务》中，称检索问题为"search question"，调查问题为"research question"。但是鲍普在《参考咨询与信息服务》中，称长泽所说的检索问题为"research question"，调查问题为"fee - based services and information brokering"。

② 長沢雅男.レファレンスサービス：図書館における情報サービス．丸善，1995，p245.

供咨询服务的方针。英语"fee-based",可理解为"已超出图书馆通常提供的免费服务的范围"。

上述这些咨询,不仅仅来源于到馆用户。很多用户还利用电话、传真、信函等形式向图书馆员提出问题。在互联网得到普及的20世纪90年代后半期,美国就有图书馆开始开展数字参考咨询服务,即利用计算机,通过电子邮件或聊天工具回答用户的咨询。这种服务在很短时间内就推广到全美图书馆。互联网的普及使到馆咨询数量减少,在数字参考咨询服务中,凡能使用互联网的人,都可以不受时间和场所的限制,随时随地向图书馆员提出咨询。因此,图书馆界非常重视数字参考咨询服务,不断开发数字参考咨询服务软件,或建立联盟,多馆联合开展参考咨询服务,或共享咨询答复过程。

(2) 确认书目信息,开展馆际互借。用户如欲获取某特定文献,首先要确认该文献正确的书目信息,然后确认该文献馆藏地,最后获取文献,其信息需求得到满足。也就是说,这一过程最初阶段是确认书目信息(bibliographic verification),如果用户能够利用的图书馆未收藏该文献,就要进行馆际互借(interlibrary loan:ILL)。

图书馆员对书目信息的确认,指的是就用户所需文献进行二次文献检索,确认其正确的书目信息并提供给用户。即使所需文献非常明确,用户也未必掌握该文献正确的书目信息。根据他人提供的信息搜寻特定文献时,用户也有可能会记错。根据某文献后所附参考文献搜集信息时,参考文献的书目信息有可能不完整或不正确。因此,获取文献的第一步就是要确认正确的书目信息。

如果本馆没有收藏用户所需文献,则需要确认哪个图书馆或机构收藏有该文献,向该馆借原书或取得复制件后提供给用户,这一服务就是馆际互借。除此以外,还有一种获取文献的手段——文献传递服务,即将用户所需图书或文献的复制件送至用户家中或工作单位。现在,用户在网上即可办理复制申请手续,或直接利用该文献的电子版,不用到馆即可获取所需文献。

也有人认为这些服务不是信息服务。但要提供上述服务,必须检索各种目录或索引目录等二次文献,而且实际上,大多数图书馆是由负责信息服务的部门在处理这类业务。因此,本书也将此服务作为信息服务的一部分。目前,通过互联网就能使用数字化目录或索引目录数据库,所以此类业务也比以前要容易得多了。

(3) 推荐服务。当本馆馆藏不能满足用户需求时,搜寻出收藏有该文献的图书馆、相关机构或专家等并推荐给用户的服务称为推荐服务(referral service)。无论用户所需信息在馆内还是在馆外,这项服务能最终将人与信息连接起来。高效开展推荐服务,必须事先准备好与各图书馆或机构有关的信息源。现在互联网上能查到各机构的有关信息以及这些机构所藏文献的目录,开展此项服务所需信息也变得易于获取。

与推荐服务类似的,还有"导引介绍服务"(information and referral services: I&R)。在图书馆没有符合用户需求的信息源时,也许在附近的区域内会有某些人或机构能够提供相关信息源或服务。图书馆事先整理好本区域内各种组织与机构的信息,以备在这种情况下能够向用户推荐这些机构。英美公共图书馆在 20 世纪 60 年代后半期就已开始提供这种服务。他们把各机构、该机构提供的服务、联络方式等罗列出来,编制成文件并时时加以维护。现在有越来越多的图书馆将此类信息制作成数据库,发布在网站上供人们使用。

2) 就信息源的选择提供持续性的帮助

用户会因为喜欢读书、换工作或开展某项调查等原因,向图书馆员咨询相关信息。与获取特定文献相比,这种需求涉及用户关心的某一主题,范围较广。图书馆员为满足用户这类需求而开展的服务称为"就信息源选择提供持续性帮助"。这种需求多是茫然的,且具有长期性。为满足这类需求而开展的服务有图书推荐服务(reader's advisory service)和新知通报服务(current awareness service)。

(1) 图书推荐服务。所谓图书推荐服务,就是图书馆员根据用户的兴趣点,就图书选择提供个性化帮助的服务。美国的公共图书馆在 20 世纪 20－40 年代期间盛行这种服务。当时,图书馆员与用户进行个别交谈,了解其兴趣所在及阅读能力,并据此提供一个书单,介绍合适用户阅读的图书。这是对用户个人提供的、立足长远的持续性服务。现在,图书馆已难以配备人力开展这种服务,过去那种图书推荐服务在不断减少。

但同时,过去的服务正逐渐演变成图书馆员帮助用户选择与其所关心事物相关的文献、能解决用户问题的文献,而不再仅仅局限于推荐用户读什么书。图书馆员也认识到这一服务类似于用户教育服务(辅导用户如何使用图书馆及图书馆服务)、新知通报服务(告知用户所关心领域的最新信息,促进用户更多利用图书馆),人们对这种服务的必要性又有了新认识。

此外，与阅读辅导相似的服务还有美国大学图书馆开展的期末论文专业咨询（term-paper counseling）。针对需要完成期末论文的学生，图书馆员会根据其学习内容和学习能力，就如何利用图书馆文献写作论文提供个性化服务，这种服务中包含有用户教育的要素。要提供这种服务，图书馆员不仅要熟悉各专业领域的二次文献，而且还要掌握一次文献及相关的专业知识。

在日本，阅读辅导或图书推荐这类服务，不同于美国在初期开展的阅读辅导，主要是针对如何选择阅读文献提供咨询。因此，有的图书馆将其视为外借服务的一部分，而不作为信息服务来处理。

（2）新知通报服务。图书馆主动提供用户所关心领域的最新信息，如复制某特定期刊最新一期的目录并定期提供给用户的服务，称为新知通报服务。馆藏限定于某一专业主题的专业图书馆开展这种服务相对容易，公共图书馆因用户需求多种多样，很少开展这种服务。

还有一种与此相类似，或被作为新知通报服务的模式之一开展的服务，称为SDI（selective dissemination of information，定题跟踪），即图书馆以固定模式，持续向用户提供某一特定领域的最新信息。图书馆员经过前期与用户沟通，了解用户关心哪些专业领域的信息，确定主题范围，定期向用户提供符合要求的书目信息或最新文献。SDI服务，在以持续开展研究工作的科研人员为服务对象的专业图书馆或高校图书馆开展较多。

近年来又出现一种提示服务（Alert Services），作为电子期刊或索引目录等数据库的附加功能，用电子邮件向用户提供最新出版的学术期刊的目次信息或期刊报道的书目信息。只要用户事先设定好检索条件或书目信息，数据库就会通过电子邮件不断向用户提供信息。在不断引进数据库的大学图书馆，这种服务正在普及。公共图书馆也在开展用电子邮件定期向注册用户提供新书目录的服务。用户一旦注册，系统就会自动提供服务，无论对图书馆还是对用户，这一服务都是简便易行的。这些服务作为定题跟踪服务的延伸，将成为信息服务新的发展方向。

经常利用信息或知识的人们，都希望了解图书馆及图书馆所提供的各种信息源对自己的生活或研究工作到底能够发挥何种作用，并希望提高自己利用图书馆的能力，这样就能够依靠自己的力量去检索并使用所需信息源。图书馆根据用户的这种需求而开展的辅导工作就是用户教育（instruction）服务①。

图书馆预测用户会根据何种信息需求进行检索，或根据用户要求，采取一对一或一对多的形式，就图书馆使用方法、信息源检索方法、利用方法、评价方法等对用户进行辅导。过去主要是高校图书馆或中小学图书馆开展这种服务，随着信息技术的发展，需要检索的信息源不断增加，情况愈加复杂，在公共图书馆开展这种服务也变得越来越重要。高校图书馆和中小学图书馆则趋于将用户教育视为信息素养教育的一个组成部分。

①一对一的用户教育（one-to-one instruction）。一对一的用户教育指图书馆员一对一地辅导用户如何利用图书馆服务、如何获取文献等，是各类图书馆的基本服务。从指导不熟悉图书馆的用户如何使用目录检索图书馆的文献，到告知用户二次文献的内容及其检索方法，以使用户检索到所需文献，一对一用户教育的内容十分广泛。

由于联机目录（Online Public Access Catalog：OPAC）、索引目录、文摘目录等数据库、互联网信息源等电子二次文献不断增加，在一对一用户教育中，与电子文献检索方法相关的内容所占比重越来越大。

这种服务开展方式多种多样，不仅仅局限于图书馆员向用户面对面直接提供，还可以向用户提供所有图书馆使用指南的书签，或介绍某特定主题具有代表性的二次文献及其检索方法的示意图等。越来越多的图书馆将上述内容发布在自己的网站上，既提供给那些利用图书馆计算机终端一边检索多种信息源一边撰写报告的用户，也提供给那些因身处外地而无法到馆的用户。

②一对多用户教育（group instruction）。高校图书馆的用户，如新入学的大学生、在同一个研讨班学习研究同一主题的学生，他们会对信息有同样的需求。在这种情况下，将多个用户组织在一起，就某一问题集中讲解图书馆使用方法及信息源检索方法等，效率会更高。比如，可以将新生组织起来，带领他们参观图书馆或举行图书馆使用说明会，让其了解图书馆的设施、馆藏以及基本的服务内容。针对那些基本掌握图书馆使用方法、目前正参加某一专业领域调查研究的特定研讨班的学生，可以向其介绍该领域具有代表性的二次文献及其使用方法、检索结果的使用方法或鉴别方法等。这种教育能

---

① 详细动向参见本书第7章。

够提高用户的专业文献检索能力，使用户依靠自己的力量获取并更加有效地利用文献。

一直以来，公共图书馆很少提供一对多用户教育。但由于信息获取的过程越来越复杂，很多用户希望自己能掌握文献检索方法，因此不少公共图书馆为满足用户需求，举办了很多相关的讲座与培训。

2.3.2 间接服务

不直接面向用户，而为用户获取所需信息提供间接帮助的服务称为间接服务。本书所指间接服务，包括检索环境建设、信息源构建、图书馆间相互合作以及网络建设等。

直接服务因其直接面向用户，会使用户当即感受到服务质量如何，因此对图书馆的整体形象有着很大影响。而间接服务则是图书馆员在日常工作中推测或预测用户的需求并主动提供的服务，其好坏在很大程度上左右着图书馆是否能够提供高质量的信息服务。间接服务的不断完善，是支撑图书馆信息服务的重要基础。

图 2-2 图书咨询台

1）查询环境的建设

图书馆必须提供相应的设施与环境供用户查询信息源。图书馆供用户查询信息的场所称为服务点。

在诸多服务点中，参考咨询服务台是图书馆员受理用户问询的窗口。用户在这个窗口提出如何获取文献、如何利用图书馆或文献等问题。图书馆员通过检索放置在咨询台周围的快速咨询信息源，或通过计算机终端查询数据库等信息源后，答复用户，或向用户提供图书馆服务使用指南等资料。

用户的问题多种多样，有的当即就能解决，而有的则要花费时间。为便于进一步沟通，必须在咨询台配备椅子供用户使用。常有用户犹豫不决是否向图书馆员提出咨询，因此，在咨询台必须营造一种让人易于接近的氛围。为便于用户咨询较为复杂的问题，咨询台应设置在与借阅台有一定距离的地方，以在接谈过程中能够保护用户的个人隐私。有时还需要在办公室内开辟用户接待空间。规模较小的图书馆较难设置专用窗口，参考咨询常与其他业务共用一个窗口，这种情况则可以利用标识牌等表明该窗口受理用户咨询，便于用户提问。

用户检索信息源主要使用参考咨询专藏。放置参考咨询专藏文献的地方即为参考咨询室或参考咨询角。无论是咨询室还是咨询角，在书架的附近必须开辟一定的空间，供多位用户同时翻阅或抄录参考书。参考咨询专藏文献不仅图书馆员要用，用户在查询资料的过程中也会使用，因此，必须设置在窗口等离图书馆员较近的位置。

参考咨询专藏不仅包括印刷品文献，还有数据库、CD－ROM以及互联网上的信息源，因此必须在图书馆内安装能够使用这些信息源的计算机终端。有的图书馆还在计算机终端上发布如何使用数据库、互联网、特定软件等信息，有的图书馆还配备专人在用户使用参考咨询专藏的过程中提供帮助。

以上这些服务点，应设置在用户易于发现的醒目位置，对这些服务点的指引标识也应做得清楚、明确。

2）信息源构建

信息服务中使用的信息源，包括参考咨询专藏文献、其他馆藏文献以及图书馆员工等人力资源，其核心是图书馆的参考咨询专藏文献。图书馆根据本馆的采访方针，确定构建何种参考咨询专藏，并据此开展参考书或数据库的收集和维护工作。关于参考咨询专藏，详细情况请参考第6章。

参考咨询专藏主要由市场上销售的参考书或数据库构成，但仅有这些还不能完全满足本馆用户的信息需求，有时还会出现查询所需时间过长的情况。

为弥补不足，图书馆还应自己编制检索工具，利用报纸或杂志制作剪报、将小册子类文献数字化加工成数字资源等。由于能够快速提供从图书中不易得到的信息，此类信息源具有很高的价值，但其生产需要花费时间和人力。因此图书馆应该以用户咨询时经常涉及的专业领域为核心，加工制作此类信息源，并不断加以维护和完善。

近年来，图书馆开始通过网站提供信息服务所需信息源。图书馆网站上不仅向用户提供数据库或电子期刊的入口，而且还能提供图书馆自己制作的工具，某专业常用数据库的名称及其检索方法示意图、跨库检索功能、各数据库内容简介等，以便用户更为有效地使用这些信息源。这样一来用户不必再借助图书馆员的帮助，就能清楚地了解自己需要使用哪些信息源进行检索。图书馆还将互联网上能够提供高质量文献信息网站的网址收集起来，再附加上说明提供给用户，以便于用户使用。

3）图书馆间相互合作及联盟的形成

由于每个图书馆的馆藏都是有限的，因此图书馆间已经形成了一个网络，通过馆际互借等开展合作。信息服务也是一样，当一个图书馆无法满足用户信息需求时，便委托其他收藏更多专业文献的图书馆进行调查，并将查询结果提供给用户。通过馆与馆之间的合作关系开展的服务称为联合参考咨询服务。

图书馆间互相合作建立的这种网络规模各异，既有地区级的，也有各类型图书馆间的、全国性的甚至世界性的合作。以前合作网络的成员馆之间是通过电话或传真联络，随着互联网的普及，图书馆之间通过互联网开展合作的情况越来越多。过去耗时较长的业务如书目信息检索、调查委托、馆际合作手续等，变得更加简便、快捷。同时，合作网络的成员馆数量也在不断增加。

最近，由多家图书馆共同运营的虚拟参考咨询作为联合参考咨询业务的一种新形式，发展尤为迅速。这种服务是指多家图书馆使用同一软件或服务平台，在统一的服务界面上通过电子邮件或表单向用户提供信息服务。在不同的时间段，由不同的成员馆负责提供服务。这样不仅能延长服务时间，还能增加提供服务的专业领域。像这样，各成员馆不仅联合起来为用户提供服务，部分图书馆还把以前制作和使用的参考咨询案例集中起来制作成数据库，供成员馆共享，这有利于为用户提供更好的服务。各图书馆今后应进一步加强合作、共谋发展。

2.4 各类图书馆与信息服务

以上是对信息服务的内容进行的说明。实际上，不同类型的图书馆有着不同的用户群，开展信息服务的程度也各异。本节将主要阐明公共图书馆、高校图书馆、专业图书馆和中小学校图书馆信息服务的特征。

2.4.1 公共图书馆

公共图书馆的服务对象是某一特定区域的公民。与其他类型图书馆相比，公共图书馆的服务对象范围更广、人数更多。这就意味着公共图书馆的用户信息需求范围更广、种类更多。图书馆首先应预测本馆大多数用户的共同需求，再通过间接服务予以应对，但公共图书馆因用户需求五花八门，很难通过间接服务做好应对的准备工作，因此要通过图书馆员对用户提供个性化服务来弥补用户需求与间接服务之间的差距。公共图书馆开展的信息服务多为回答问题、图书馆使用指南等。除规模较大、具有调查职责的图书馆外，很少有公共图书馆会为满足某位用户的需求，花费人力提供定题跟踪或调查咨询服务。

2.4.2 高校图书馆

高校图书馆的服务对象，是该馆所属大学的本科生、研究生和教师。高校图书馆用户的信息需求以该大学各院系、各学科专业领域知识和公共课程涉及的知识为主，因此用户需求涉及的主题和程度都非常明确，预测准备工作也相对容易，能够更加有效地开展信息源构建等间接服务。

高校图书馆也存在馆藏文献较多、信息源形态各异、使用方法复杂等困难。相当于参考书的数据库、电子期刊在信息源中所占比重越来越大，其使用方法、检索手段也越来越复杂，且变化很快。高校图书馆必须开展导向咨询服务和用户教育，而且实际上这些业务都是非常活跃的。此外还必须面对数字化发展带来的新业务，比如由于信息源中数据库不断增加，在与数据库商签订合同时需要事先研究有权提供服务的用户范围等。

2.4.3 专业图书馆

专业图书馆的服务对象是该馆所属机构的工作人员。专业图书馆的职责是为所属组织机构达成工作目标提供文献保障。因此专业图书馆的用户需求受图书馆所属组织正在开展的工作的制约。虽然每个专业图书馆规模及所属机构差异较大，不能一概而论，但多数专业图书馆受理的咨询主题明确，且多为调查研究类咨询。

因此，专业图书馆受理的咨询中调查咨询这类比较复杂的问题较多。图书馆员要进行文献调查等专业调查以后才能答复用户，为用户提供的个性化服务较其他类型图书馆更为专业。专业图书馆的用户多为长期在该专业领域从事研究工作的人，不需图书馆提供用户教育，图书馆信息服务的重点为信息提供。

2.4.4　中小学图书馆

中小学图书馆的服务对象是该图书馆所属小学、初中、高中学校的儿童、学生和老师。用户的需求主要与各个年级各门学科的学习有关，用户希望加深学习难度，或者与用户的课程学习无关，仅与他们的阅读有关。学校图书馆隶属学校这样的教育机构，与提供信息本身相比，更多的还是将重点放在图书馆或信息源利用方法的教育上。

根据日本文部科学省规定，班级数量超过12的小学、初中、高中学校必须配备图书馆教师。文部科学省开展的调查[①]显示，在2010年5月，97.6%的学校都设置了图书馆老师。如将班级数量在11个以下的学校也统计在内的话，设置图书馆教师的学校只占整体的63.5%，有些学校即使设置了图书馆教师，也不是专职的，而是兼职的。这些都是目前存在的问题（见2-1表）。

儿童及学生在今后的人生中要独立解决问题，通过自己的判断做出各种选择。能否较好地解决问题，能否做出恰当的选择，与其是否能够获取必需的信息有着密切的关系。能否养成搜寻信息的习惯，与其在学校图书馆中所积累的经验、所接受的训练有着很大关系。人们期待着学校图书馆在今后能够发挥更大作用。

---

① 文部科学省児童生徒課．平成22年度「学校図書館の現状に関する調査」結果について．文部科学省．2011–06–01．http：//www.mext.go.jp/b_menu/houdou/23/06/_icsFiles/afieldfile/2011/06/02/1306743_01.pdf，（参照2012–03–15）．

表2-1 平成22年度图书馆教师的配备情况（平成22年5月1日）

	学校数量(A)	配务图书馆教师学校数(B)	配备比例(B/A)	班级数超过12的学校数量(C)	配备图书馆教师的学校数量(D)	配备比例(D/C)	图书馆教师资格证持有人数(E)	比例(E/C)	班级数在11以下的学校数量(F)	配备图书馆教师的学校数量(G)	配备比例(G/F)	图书馆教师资格证持有人数(H)	比例(H/F)
小学校	21 471	13 467	62.7%	11 371	11 311	99.5%	35 645	3.1	10 100	2 156	21.3%	10 290	1.0
初中学校	10 634	6 308	59.3%	4 949	4 860	98.2%	10 798	2.2	5 685	1 448	25.5%	5 148	0.9
高中学校	5 087	4 119	81.1%	4 127	3 894	94.4%	9 951	2.4	960	225	23.4%	1 076	1.1
特殊教育学校 小学部	703	377	53.6%	363	310	85.4%	942	2.6	340	67	19.7%	322	0.9
特殊教育学校 初中部	707	292	41.3%	229	198	86.5%	396	1.7	478	94	19.7%	386	0.8
特殊教育学校 高中部	752	423	56.3%	402	355	88.3%	997	2.5	350	68	19.4%	342	1.0
中等教育学校 前期课程	39	20	51.3%	14	10	71.4%	19	1.4	25	10	40.0%	32	1.3
中等教育学校 后期课程	25	15	60.0%	8	6	75.0%	14	1.8	17	9	52.9%	23	1.4
合计	39 418	25 021	63.5%	21 463	20 944	97.6%	58 762	2.7	17 955	4 077	22.7%	17 619	1.0

第3章 参考咨询服务的理论与实践——1

信息检索行为与参考咨询流程

3.1 何谓参考咨询流程

3.1.1 参考咨询流程的概念

参考咨询流程广义的概念是：以用户的信息需求为出发点，以参考咨询馆员使用适当的信息源为用户提供直接的人工服务并满足用户需求为终结点，在用户和参考咨询馆员的信息搜索行为中包含的各个要素相互发生作用的过程。瑞斯（Alan M. Rees）关于参考咨询流程的概念如下[①]：

参考咨询流程指：通过参考咨询馆员（reference librarian）开展的、参考咨询工作中包含的所有变数的总体。流程既包括参考咨询馆员的心理及所用信息源，也包括咨询者的心理及使其产生信息需求的环境这两个方面。

参考咨询流程，由咨询者和参考咨询馆员、信息源之间的复杂的相互作用构成，不仅包含对可用书目数据的鉴别、操作，还包括目前尚不被人们完全了解掌握的心理学、社会学及环境等变数所产生的影响。

参考咨询流程，即为满足咨询者信息需求、由咨询者和参考咨询馆员共同进行的信息源搜寻过程。咨询者、参考咨询馆员、信息源三者之间相互作用的整体过程可称为参考咨询系统（reference system）。参考咨询系统的构成要素有三：咨询者、参考咨询馆员和信息源，每个要素都是由多个要素构成的子系统（构成某一系统的系统）。三个子系统我们分别称之为咨询者思考系统、参考咨询馆员思考系统以及信息系统。信息系统还可进一步分为信息源

---

① Rees, Alan M. Broadening the spectrum. In The present status and future prospects of reference information service. American Library Association, 1967, p57-58.

系统和检索系统。

各子系统内部及各子系统之间相互作用的过程,包括咨询者的心理过程、参考咨询馆员的心理过程、两者间的沟通交流过程(参考咨询接谈过程)以及两者检索并参照信息源的过程。参考咨询系统的模式如图所示(3-1图)。

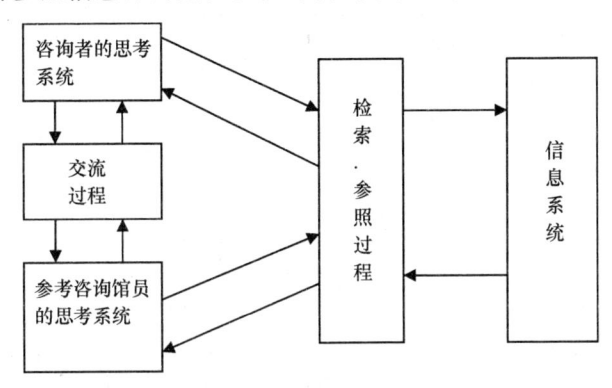

图3-1 参考咨询系统模式

如上图所示,参考咨询系统包括三个子系统。将参考咨询过程定义为该系统内复杂的相互作用过程的总体,不仅可以准确探明参考咨询流程所要解决的问题和课题,而且也能知晓其问题的复杂性、深入程度,及其未知领域的广泛性。尤其咨询者及咨询馆员的心理活动过程,是思考心理学或认知科学的研究对象[1]。要开发参考咨询专家系统,就必须对广义参考咨询流程进行研究。

3.1.2 参考咨询流程的模式

本节从处理参考咨询问题的咨询馆员的角度出发,根据其实际业务情况探讨参考咨询流程。这里所说的参考咨询流程,从狭义上说是以用户的信息需求为起点,以咨询馆员受理用户咨询后,检索信息源并答复用户、满足用户信息需求为终点的过程。

从参考咨询馆员实际处理业务的情况看,处理咨询问题的一系列过程可分为按顺序开展的几个阶段。如图3-2所示,

---

[1] 关于这一问题,请参考以下文献:Kuhlthau, C. Seeking meaning: a process approach to library and information services. Ablex Publishing, 1993, p199.

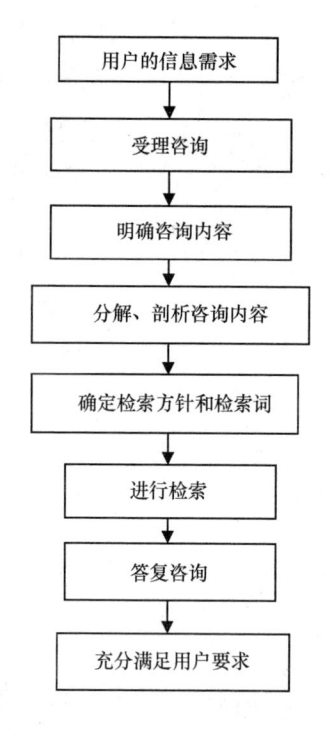

```
┌─────────────────┐
│  用户的信息需求  │
└────────┬────────┘
         │
┌────────┴────────┐
│    受理咨询     │
└────────┬────────┘
         │
┌────────┴────────┐
│  明确咨询内容    │
└────────┬────────┘
         │
┌────────┴────────┐
│ 分解、剖析咨询内容 │
└────────┬────────┘
         │
┌────────┴────────┐
│ 确定检索方针和检索词 │
└────────┬────────┘
         │
┌────────┴────────┐
│    进行检索     │
└────────┬────────┘
         │
┌────────┴────────┐
│    答复咨询     │
└────────┬────────┘
         │
┌────────┴────────┐
│  充分满足用户要求 │
└─────────────────┘
```

图 3-2　参考咨询过程模式

这一模式，与本章第 3 节所说明的各个阶段是相对应的。当然，这里所列举的只是众多模式中的一种。在实际工作中，咨询馆员并不是完全按照这一模式处理所有的咨询问题。业务熟练的咨询馆员反而意识不到这个过程的每个阶段，根据不同的咨询问题，他们甚至会省略中间的几个步骤。但是初学者在处理咨询问题时最好记住这个流程。

提高参考咨询工作效率的一个有效方法，就是从实际工作经验中提取出抽象化的模式。在实际开展调查和检索的过程中如果遇到困难，可对照工作流程的模式，查找问题产生的原因，获得解决方法。

有人认为，优质的参考咨询服务，最终还要归结为图书馆员对馆藏的深入了解。确实，在信息的检索阶段，咨询馆员掌握信息源相关知识的多寡，在很大程度上影响着所提供信息的质量。但是从参考咨询服务的目的来看，真正优质的服务应是能发掘用户的信息需求，准确加以掌握并最终予以满足的服务。因此，我们不能忘记参考咨询流程前半部分，即在实际开展信息检索之前的各个阶段的重要性。由于信息源数量的增长远远超过个人记忆的容量，咨询馆员掌握分析问题、明确需求的方法以及信息源检索技巧反倒显得更加重要。

3.2 用户的信息检索行为及信息需求的构成

3.2.1 用户在图书馆的信息检索行为

如果将对人类在社会生活中各种行为产生影响的有意义的记号称为"信息"的话，则我们在日常生活中每天都接收着大量的"信息"。尤其社会的信息化程度不断提高，传达信息的媒介快速发展，过去为获取信息而必须克服的时间、空间上的制约不断减少，人们已经可以随时随地获取各种各样的信息。

图书馆资料是信息媒介，将资料提供给用户的图书馆，其本身也是一种媒介。要研究图书馆用户的信息检索行为，首先必须了解用户是抱着何种目的使用图书馆。第 2 章第 4 节"各类图书馆与信息服务"中已经说明，不同类型的图书馆，其用户群是不同的，用户利用图书馆的目的各异。在这里，我们主要研究以最为广泛的用户群为服务对象的公共图书馆。

用户到图书馆来，一般是为了使用图书馆收藏的资料，即为从作为信息媒介的图书馆的资料中获取某种信息。这种情况下的"信息"，像我们刚才所定义的那样，是广义的信息，也可以称为"知识"。马克卢普（Fritz Machlup）将知识分为五类[①]。

①实用知识——对于人们的工作、决策和行为有价值的知识。根据人们的行动可再细分为以下六类：专业知识、商业知识、劳动知识、政治知识、家庭知识及其他实用知识。

②文化知识——能满足人们知性好奇心的知识。是普通素养教育、人文科学或自然科学及普通意义上的文化的组成部分。

③闲谈与消遣知识——满足人们非知性好奇心，或者能够满足人们对轻松娱乐和感官刺激方面的欲望的知识，包括街巷传闻，犯罪或事故新闻，小

---

① Fritz Machlup. 知識産業. 高橋達男，木田宏監訳. 産業能率短期大学出版部. 1969，p27.

说，故事，笑话，游戏等。

④宗教知识——有关神及拯救灵魂的方式等宗教类知识。

⑤多余的知识——与人们的好奇心无关的知识，通常是偶然或无目的地保留下来的知识。

用户到公共图书馆寻求的知识（信息），是除⑤以外的其他①~④中的某种知识（信息）。只不过如我们在第1章中所述，随着互联网的普及，人们更多通过互联网获取①或③（以及⑤）类知识。

用户为获取这些知识而利用图书馆资料的方法，会因其所要获取的知识的种类、必要的信息量的大小以及接受信息方式的不同而各异。比如，用户为获取实用知识，可能会查阅馆内的事典或报纸报道等，获取娱乐知识可能会借阅推理小说等。此外，为获取更为详细的大量实用知识，用户可能会借阅专业书籍或专业期刊。大体来说，资料的利用形式可以分为将需要的资料悉数借出（外借），和只在馆内参考利用部分资料这两种。要在图书馆获取这些知识（信息），除可利用图书馆资料外，还可以利用本书所介绍的其他信息服务。

用户在图书馆进行的信息检索行为，根据所需知识种类以及资料的利用形式而有所不同。用户可以直接到书架上寻找，也可以利用馆藏目录检索资料，还可以咨询图书馆员。在实行开架制度的图书馆，用户入馆后多直奔书架，尤其图书馆使用经验不足的用户，他们尚未熟悉目录的使用方法或信息服务的利用方法，所以常会直奔书架而去。虽然有的用户是有意识地去随意浏览书架上的资料，情况不能一概而论，但总的来说，有一点我们不能忘记：在书架中搜索资料的用户，是潜在的需要图书馆员提供帮助的人。

随着经验的积累，越来越多的用户一旦在某种程度上了解了图书馆资料组织架构，他们会在去书架之前先检索目录。如果事先知道信息检索的关键词，例如资料的著者、题名、主题等，则利用目录检索会更加高效。但目录是很复杂的，甚至图书馆员也必须具有一定的知识和经验才能够完全掌握。用户在检索目录时，经常会需要图书馆员的帮助，如：标引使用哪些主题词？标引方式是如何确定的？标引的排列方法是什么？等等。

需要查询某一特定事项或文献情报时，用户会到参考咨询室或参考咨询角使用参考咨询工具书或书目、索引等，这种时候尤其需要图书馆员提供帮助。与信息服务相关的用户的信息检索行为，我们将在参考咨询流程中予以说明。

3.2.2 用户信息需求的构成

前面我们讲到,在参考咨询流程的模式中,用户的信息需求是流程的起点。那么什么是用户的信息需求呢?对人类的行为产生影响的有意义的记号就是信息,按照这一定义,用户为解决日常社会生活中所遇到的问题而向图书馆寻求的知识,就构成了信息需求的内容。

泰勒(R. S. Taylor)按信息需求将用户在图书馆进行的信息检索行为分为四个阶段[①]。

①visceral need(实际存在但是尚未被意识到的需求)
②conscious need(头脑中有意识的需求)
③formalized need(明确表达出来的需求)
④compromised need(按信息系统要求处理后的需求)

首先在咨询者的内心产生一种模糊的需求,继而被咨询者自己所意识到(在意识内被对象化)。接着以明确的形式向外部表达出来,最后被调整成为能够实际开展信息检索的形式,即符合信息系统要求的形式。

在上述四个阶段中,哪个阶段的需求才是咨询者真正的信息需求呢?从受理咨询的参考咨询馆员的角度看,应该是第三阶段。如果③能够正确地反映为④,则在第④阶段可以进行检索。但是当第④阶段的检索并不顺利时,则要重新审视③是否被正确地翻译成为④,同时也要检查③自身的表达是否准确。继而可能会不得不追溯并确认②与③的关系,因为有时咨询者本人并不明确②与③的关系。总之,为明确咨询内容,必须由咨询者与咨询馆员共同完成从②至④的工作。

莱因(Marrice B. Line)以概念的形式整理了用户研究的研究对象,提出了 need(s)[必要性(必要的东西)]、want(s)[欲求(想要的东西)],denand(s)[请求(请求的东西)],use(s)[利用(利用的东西)]以及 requirement(s)[要求(要求的东西)]几个概念之间明确的区别[②]。

---

① Tayior, Roberts S. Question-negotiation and information seeking in libraries. College and research libraries, 1968, vol. 29, no. 3, p178-194.

② Line, Maurice B. Draft definitions: information and library needs, wants, demands and uses. Aslib Proc, 1974, vol. 16, no. 2, p87.

所谓"必要的信息",指个人为开展工作、科研、学习、娱乐而必需的信息。对科研人员来说,必要的信息就是其认为有助于推动研究工作向前发展的信息。"必要信息"有时会被认为是"欲求信息",但有时又并非如此。

所谓"欲求信息",指个人希望能够获得的信息。这种"欲求信息"在图书馆内,有时实际表现为"请求信息",但有时又并非如此。

所谓"请求信息",指个人实际寻求的信息。更准确地说是个人提出请求,希望获取的符合本人要求的信息。"必要信息"和"欲求信息"中包括潜在的"请求信息"。

所谓"利用信息",指个人实际使用的信息。"请求信息"中包含着潜在的"利用信息"。"利用信息"是反映人们将多少"请求信息"、"欲求信息"转化为请求,将多少"必要信息"转化为欲求的指标。但实际上"利用信息"经常会转变成模糊不清的、无法明确表达的"必要信息",让人难以识别。

所谓"要求信息",是为概括表达"必要信息"、"欲求信息"以及"请求信息"这三种需求而采用的词语。关于"必要信息"的研究,实际上多为"要求信息"的研究。

在以采用科学方法探明科研工作者信息需求为目的的用户研究领域中,信息利用的必要性问题是影响到调查研究整体框架的重要问题。

赫伯特·门泽尔(Herbert Menzel)提出,"有价值的信息,既不是用户想要、也不是'对用户有益'的信息',而是对科学,即科学研究的进步有益的信息"[①]。他批评将用户研究和社会调查混为一谈的做法,他认为对科研工作者提出"您应该做何种研究"这样的问题,无法引导出科学研究的必要性。他主张,类似"某科研机构的信息需求是什么"这样的问题是非常错误的,这种问题应该更改为"在科研工作者中间传达有关科研的口头交流信息的媒介(科技信息系统),提供何种服务才能够有助于提高该科研机构的生产率?"

将用户的信息需求作为参考咨询流程的起点,是参考咨询工作者不断对"用户的信息需求"进行探究的结果。不仅对科研工作者,对普通用户的信息需求也应如此。

---

① Menzel, Herbert. Can science information needs be ascertained empirically. InCommunication: concept and perspectives, edited by L. Thayer. Spartan Books, 1966, p280.

3.3 参考咨询流程

现在我们按照本章第 1 节中谈到的参考咨询流程的模式，对流程进行说明。本系列丛书第 7 卷《信息服务演练》，对参考咨询流程的实际情况进行了解说，为尽量避免重复，本书将主要围绕各个阶段的问题点和设想进行说明。因此，关于实际工作中的流程和应该注意的各个要点，请参照《信息服务演练》的有关部分内容。

3.3.1 受理咨询

所谓咨询问题（reference question，亦称参考问题），指"图书馆用户为寻求解决某一问题所需信息，对图书馆员提出的问题"。咨询问题可分为不同类型，如就图书馆的设施、资料、功能等寻求引导的指示性问题（directional questions），就图书的选择方法或一般性信息检索方法等寻求指导的问题（readers' advisory questions），利用最基础的参考书作为信息源就能当即答复的简单的事实咨询（ready reference questions），必须检索多种信息源、经过调查之后才能答复的事实咨询（search question 或 research questions）等。

用户多通过口头、打电话或信函的方式提出参考咨询问题。如果图书馆在互联网上开设主页，并通过网络受理咨询，用户也会使用电子邮件提出问题[1]。图书馆员在受理咨询时，除简单问题能够当即答复以外，其余的都必须与咨询者边沟通边记录咨询内容的要点。很多图书馆都事先备好咨询受理单（或记录单），在上面记录必要事项。

参考咨询受理记录单，最好能够记录从受理到答复的咨询流程各阶段的要点，具体则由各个图书馆根据实际情况进行设计。以下列举几项必须要记录的事项[2]。

①咨询者的属性

②咨询内容

---

[1] 称为虚拟参考咨询服务。请参照本书第 2 章第 3 节。
[2] 记录事项非常详细的例子，请参考以下文献：レファレンス協同データベース事業データ作成・公開に関するガイドライン ver. 1.2. http：//crd. ndl. go. jp/jp/library/guideline. html，（参照2012－03－05）。

③检索过程

④答复内容及使用的信息源

⑤此单咨询责任人的情况

下面我们来谈谈参考咨询记录的意义。首先谈其在提高参考咨询工作效率上的意义。

记录①咨询者的属性及②咨询内容，有助于在咨询受理阶段把握咨询者的信息需求。咨询者的属性能为馆员了解、推测咨询的动机或目的提供线索，记录咨询内容，则能够在受理的过程中明确咨询内容。但是咨询者的属性并不是绝对必须记录的事项，从尊重咨询者个人隐私的角度出发，除咨询者自报家门外，参考咨询馆员在对话中进行观察即可。

只要在记录单的设计上下一番功夫，③检索过程的记录就能变成对问题进行分解剖析以及确定检索方针的检查明细单（checklist）。

如果将记录单作为档案积累起来，则④答复内容及所用信息源的记录就可在以后接到相同的咨询时作为参考使用。此外，还可用作馆员例会上研究探讨参考咨询流程的资料、新员工培训资料等。

在参考咨询工作中，有时会出现一单咨询尚未完成，中途变更责任人的情况，而且有的图书馆是所有馆员都参与信息服务工作，所以必须记录⑤责任人有关事项，以明确责任。

参考咨询记录的另一个重要意义，在于其是对参考咨询服务进行评价的资料。对参考咨询服务业务内容的评价，不同于图书馆其他业务。整理加工业务、阅览外借业务是通过统计进行评价，如整理册数或外借册数等，比较容易量化。而参考咨询问题如果只用咨询件数进行评价是不充分的[①]。各单咨询之间有着相当大的质的差别和业务量的差别。因此，为恰当地评价业务量，必须使用咨询记录单。反过来说，如果将记录单作为业务统计的资料来使用，则在设计记录单时，除上述①至⑤项以外，还应增加咨询的受理时间和答复时间等能够进行统计处理的事项。

3.3.2 明确咨询内容

咨询馆员接到用户咨询后，首先必须明确把握咨询内容。上一节我们谈

---

① 下述文献也谈到参考咨询服务效果难以指标化：JISX0812：2007．図書館パフォーマンス指標。

到了用户的信息检索行为和信息需求的构造，这里所说的明确咨询内容，不是明确用户为解决问题而真正需要的信息，而是首先要弄清楚用户向咨询馆员实际提出的是什么问题（请求）。有时还需要确认用户提出的问题与其想了解的（欲求）信息是否一致。

具体来说，受理咨询后，首先要不加任何个人见解、用简单易懂的语言重复表达用户提问的内容。这样用户可以确认自己想要表达的内容是否传达给了咨询馆员，或是咨询馆员是否正确把握了自己的意思。而且重复用户提问的内容，是了解更多与咨询问题相关信息的第一步。

咨询就是用户针对自己不了解的事物提出问题，所以不了解什么，或想了解什么，在语言表达上本就模糊不清。较少使用咨询服务的用户，一般来说，其心理上会有某种不安，觉得自己提出的问题是不是太微不足道了？或为不给图书馆员添麻烦，提问时将内容一般化或措词婉转。

蒙特（E. Mount）经过研究，提出用户之所以在最初阶段提出的问题不贴切、不完整，原因涉及九个方面[①]：

①用户不了解图书馆馆藏的专深程度和质量
②用户不了解可以使用哪些参考资料
③用户不了解在特定检索工具中使用的检索词
④用户不愿让人知道其需要某种信息的原因
⑤用户本人对自己的真实需求并不明确
⑥用户对提问这一行为感觉不安
⑦用户为保密而不能明确提出咨询的真正内容
⑧用户讨厌咨询馆员（或咨询馆员讨厌用户），不告诉咨询馆员自己真正想了解的事情
⑨用户不相信咨询馆员的能力

在受理咨询的初期阶段，咨询馆员必须帮助用户明确表达出咨询内容。因此，了解用户的心理，制造轻松的氛围以让用户放心地进行咨询，以及与用户之间建立信任关系是非常重要的。

贾霍达（G. Jahoda）等人提出，明确咨询内容的具体的核对清单，应包

---

① Mount, Ellis. Communication barriers and the reference question. Special libraries. 1966, vol. 57, p575-578.

括以下七项：
①是否用户真正需求的信息？
②用户所需信息类型是否明确？
③是否充分了解咨询的主题？
④咨询的语言表达中有无模糊不清之处？
⑤是否清楚用户所需信息的量？
⑥用户所需答复的专深程度是否明确？
⑦该单咨询能否在限定的时间内提供答复？

3.3.3 咨询内容的分解与剖析

咨询馆员在明确把握咨询内容后，接下来就要对咨询内容进行分解、剖析。这是在用户的信息需求与能够满足该需求的信息源之间建立联系的不可或缺的步骤。从前面我们谈到的参考咨询系统模式（图3-1）来说，这是以咨询馆员的思考系统为媒介，将用户的思考系统与信息系统连接在一起的必要手段。因此，从某一角度来说，对咨询内容的分解与剖析，与信息系统密切相关。

如何分解咨询内容呢？如果先从结论开始说起，咨询内容包括两个构成要素，即 i 针对什么，ii 想了解什么。形式逻辑学（概念逻辑学）称人类的思考的根本形式为"判断"，这种"判断"含有对提问进行回答的意思。将"判断"表达为"S是P"，即为"命题"。因此，一般来说，判断用主语（S）和宾语（P）的关系来表示。咨询内容的构成要素 i 和 ii，是针对提问寻求答案的判断的主语和宾语。

贾霍达（G. Jahoda）与布劳纳盖尔（J. S. Braunagel）称 i 信息需求的主题（关于什么）为已知条件（the given），称 ii 关于该主题的必要信息的类型（想了解什么）为信息需求（the wanted），认为几乎所有的已知条件和信息需求类型都可以用被称为"叙词"（descriptors）的数量有限的索引用词进行分类，并归纳出叙词的核对清单①。

下面我们举几个用核对清单分析咨询内容的例子。

---

① Jahoda, Gerald; Braungel, Judith Schiek. The Librarian and reference queries. Academic Press, 1980.

例1 "JST是哪个组织的简称?"这一咨询的已知条件为"缩略语",信息需求为"组织机构"。

例2 "琵琶湖的面积有多大?"这一咨询的已知条件为"场所(专有名词)",信息需求为"数值信息——测定值"。

例3 "德川庆喜是何时出生的?"这一咨询的已知条件为"人物(专有名词)",信息需求为"日期"。

例4 "想查有关性骚扰的文献"这一咨询的已知条件为"词语或主题",信息需求为"书目"。

例5 "OPAC是什么意思?"这一咨询的已知条件为"缩略语",信息需求为"定义——符号"。

例6 "在哪个图书馆可以阅览图书馆杂志的创刊号?"这一咨询的已知条件为"特定出版物",信息需求为"馆藏地点"。

贾霍达与布劳纳盖尔通过分析构成要素,用更为普通的概念(此处指叙词)的组合来表现咨询内容,试图建立咨询内容与信息源之间的关系。

表3-1 已知条件和信息需求叙词的核对清单

已知条件(given)	信息需求(wanted)
缩略语	日期
组织机构(专有名词)	图表等
人物(专有名词)	数值信息
地点(专有名词)	特征(科学测定)
术语或主题(上述条件以外的)	统计量(含计数值)
特定出版物	组织机构
	人物
	地址或位置
	出版物
	书目
	馆藏地
	书目数据的确认或完整的文献信息
	定义—符号
	推荐
	一般信息或背景信息

接下来是对咨询问题的剖析。这里所说的剖析，指的是对信息系统即信息源及信息源所用索引词的剖析。通过重新组织在内容分析过程中得出的概念来确定信息源，确定检索词以便从信息源中寻找出符合要求的信息。

人们尝试用各种方法在咨询内容与信息源之间建立对应关系。这些方法的原理就是通过分析咨询内容与信息源的内容，确定一个抽象分类标准框架，预先按照标准框架对信息源及咨询问题进行分类，然后对这两者进行比照查对。

贾霍达与布劳纳盖尔利用上表所示已知条件和信息需求叙词的核对清单，进行信息源的分析与分类。

例1　传记资料的叙词
　　已知条件：人物
　　信息需求：日期，图表等

例2　馆藏目录及综合目录的叙词
　　已知条件：组织机构，人物，地点，术语—主题，特定出版物
　　信息需求：日期，组织机构，人物，书目，馆藏地，书目数据的确认或完善

例3　辞典的叙词
　　已知条件：缩略语—符号，人物，地点，术语—主题
　　信息需求：图表等，数据信息—测定值，

例4　百科事典的叙词
　　已知条件：组织机构，人物，地点，术语—主题
　　信息需求：日期，图表等，数值信息—测定值，数值信息—计数值，组织机构，地址—位置，书目，定义—符号，背景信息

例5　索引、书目、文摘的叙词
　　已知条件：组织机构，人物，地点，术语—主题，特定出版物
　　信息需求：书目，馆藏地，书目数据的确认或完善，背景信息

在制作各个信息源的评价表单时，根据其信息内容赋予叙词并制作成数据库，再根据咨询内容的已知条件和信息需求的叙词组合检索，就能够获得确定信息源所需的线索。

神户市立图书馆采用的方法是：将咨询内容分为 A 类综合，B 类人事、人名，C 类地方志，D 类术语，E 类书目，F 类统计、数字，G 类图谱、照

片、H类资料集、I类年表、年谱、J类其他，并作为纵轴，将日本十进分类法（NDC）的分类（100个单位）作为横轴，在该矩阵中标上编号，以此对参考工具书进行分类①。

长泽将用户需求信息分为"书及相关内容"、"报纸与杂志"、"语言与成语"、"事物与事情"、"时间与历史"、"地点与地理"、"人与机构"七大领域，继而将每个领域又分为5-8个种类的项目，制作成图表并与提供该种类信息的参考工具书的类型相对照②。

如果图书馆没有制作本馆的信息源使用工具，则可以使用参考工具书的书目题要或书目的书目来确定信息源。日本的参考工具书书目题要《日本的参考图书第4版》③中，根据《日本十进分类法（新订9版）》，将包括书目、索引在内的参考工具书，分为总记、哲学、历史、社会科学、自然科学、技术、产业、艺术、语言、文学这十大类，进而按照第三次区分表④再进行细分，用目录的形式表示其分类体系。此外，该书还附有书名索引和名词索引（按名词的五十音排序）。

3.3.4 检索方针的确定与检索的实行

对咨询内容进行分析并理解后，就可以确定信息源，接下来就要实行检索。而在实行检索之前，先要确定检索方针。检索的具体实行需要具备两个必要的前提条件：

①要检索的信息源已确定。

②检索特定信息源的关键词已确定。

对于当场即能答复的咨询，只要具备上述两个条件就已经足够了。而对于需要调查的咨询（search question），尤其是寻求某一特定主题或人物相关文献的咨询，还必须在事前确定以下几个条件。

③明确所需信息的年代

④限定所提供信息的语言

---

① 志智嘉九郎. レファレンス・ワーク. 赤石出版，1962.
② 長沢雅男. レファレンス・ブック：なにを・どうしてもとめるか. 補訂版，日本図書館協会，1981.
③ 日本の参考図書編集委員会編. 日本の参考図書. 第4版，日本図書館協会，2002.
④ 即类目表——译者著.

⑤向咨询者确定所需信息的专深程度与数量

⑥确定答复的模式

⑦确定咨询者与咨询馆员都认可的检索时间

当然，上述各条件并非适用所有的参考咨询。不同的咨询，其检索方针也不同。

此外，实际开始检索工作后，如果进展并不顺利，就需要改变检索方针，甚至要重新对咨询内容进行分解剖析。

按照既定方针实行检索时，要求咨询馆员的检索工作是高质、高效的。所谓高质量的检索，就是能够寻找出满足咨询者需求的信息，而高效的检索则指花最少的时间和人力找到有效信息。

具体的检索技巧，因信息系统即信息源系统和从特定信息源中检索信息所用词汇系统的不同而不同。即信息源提供的信息范围、记录模式、信息项目排列方法、作为辅助检索手段的索引等，以及信息项目的排列、索引的排列中所用词语（索引词）不同，检索技巧也是不同的。除在线数据库以外，印制本的信息源通常都会在"前言"或"凡例"中对此进行说明，因此，在开始检索之前必须予以确认。

3.3.5 参考咨询的答复

"答复"即为将从信息源获取的有效信息提供给用户。在这一阶段，如果咨询者的信息需求得到满足，则参考咨询流程就此结束。如果咨询者对答复不满意，则必须返回流程中的某一阶段重新开始。

答复的模式因参考咨询的类型而不同，即使对同一类型的咨询，由于各图书馆的服务方针不同，答复方式也各异。比如，向用户提供特定事实信息或文献信息，是向咨询者提供信息，还是告知需要使用的信息源（资料）并指导咨询者使用该信息源，这要由各个图书馆根据自己的服务方针来确定。

日本图书馆协会公共图书馆分会参考工作分科会在1961年出台的《参考工作规范》中，列举了答复咨询的四条原则。

第3条　答复咨询以提供资料为原则。

第4条　简单咨询不受第3条规定制约，可在提供资料的前提下提供答案。

第5条　本馆未找到相关资料者，应向用户介绍或帮助联络其他图书馆或专业机构、专业人士。

第6条　不提供超出第3条至第5条所规定范围的服务。

这一《参考工作规范》规定的原则，至今仍被专业图书馆以外的各类图书馆奉为自己的服务方针。高校图书馆和中小学图书馆认为让学生们自己去查询更能体现教育的价值，因此，答复学生的咨询时并不提供信息，而是告知信息所在，或提供资料，或指导学生如何使用图书馆。

答复的内容，尤其提供信息（答案）时，必须是正确的、客观的，这是基本原则。这取决于信息源的正确性与客观性。因此，必须使用可靠的信息源（资料），并尽可能参照多个信息源。有时会出现不同的信息源提供的信息内容有着根本的差别，在这种情况下，咨询馆员不得自行判断对错，而应将情况原原本本告诉咨询者。

当本馆现有信息源不能满足咨询需求时，只能答复用户说"未能找到相关文献"。在这种情况下，应该向用户介绍除本馆以外能够使用的信息源，引导用户采取下一步行动。

受理咨询后，应通过高效的检索，尽快给用户答复。检索所需时间应作为检索方针事先确定。即使没有特别约定，也应控制在用户和咨询馆员都能接受的限度内。图书馆向用户提供人工帮助，也应遵守"节约用户的时间"这一图书馆服务原则。

答复的内容范围，有在咨询受理阶段就已经按照图书馆的服务方针予以明确限定的，也有因参考咨询流程中出现的各种情况而受限的。

举例来说，对学生提供服务、咨询内容不适合由本馆处理、某特定用户集中提出大量的咨询等属于前者。受图书馆整体能力即物力资源、人力资源的质与量的影响，答复的内容或模式最终受到限制的情况则属于后者。《参考工作规范》中还有以下规定。

第7条　估计会对他人的生命、名誉、财产等造成损害，或会直接对社会产生不良影响的咨询不予受理。

第8条　下列咨询不予受理，且提供资料也应慎重。但可以根据咨询内容介绍相关专业机构或专业人士。

医疗、健康咨询

法律咨询

资产咨询

假设的问题或属未来预想的问题

第9条　下列咨询不予受理。

学校的作业

有奖竞答问题

除此以外，图书馆不宜受理的问题还有很多。总之，超出图书馆专业人员判断范围的问题，或反过来说，应该委托其他专业人员进行判断的问题，就是超出图书馆受理范围从而受到限制的咨询。不过，我们应该知道，问讯服务尤其是公共图书馆开展的引导服务，是积极受理图书馆不宜直接处理但又与民众生活密切相关的咨询，应当通过向用户介绍适宜的专业机构或进行引导，来满足用户的信息需求。

如果咨询答复最终因图书馆整体能力不够而受限，则必须通过完善参考咨询专藏等信息源、提高咨询馆员的业务资质，努力缩小受限范围。

3.3.6　参考咨询接谈

以用户信息需求为起点、以用户信息需求得到满足为终点的参考咨询流程，是由咨询馆员与用户共同完成的解决问题的重要过程。

在参考咨询流程中，咨询馆员与用户之间进行沟通交流的过程称为参考咨询接谈（reference interview）。

参考咨询接谈是面谈的一种形式，在这里，我们对面谈方法做一些整理、汇总。冈野将面谈分为三类①。

① "给予"型面谈　G（ive）型——面谈者向被面谈者提供符合其要求的信息或资料。

② "引导"型面谈　T（ake）型——尽可能多地引导面谈对象讲出其信息需求的真实情况

③ ①和②的混合　TG 型

面谈的目的有四，①获取信息；②确定意愿；③解决问题；④劝告、劝导、指导，其中①与②为 T 型、③为 TG 型、④为 G 型面谈。

用上述面谈方法来分析参考咨询接谈，咨询馆员为面谈者，用户为被面谈者（来访者），这种面谈属于③TG 型。这种类型的面谈还包括有关人事或

---

① 冈野弘．面接：その心理と理論．高文堂出版社，1980．

教育的咨询以及健康咨询、法律咨询，均系来访者为解决某一问题前来面谈。

冈野指出，这种类型的面谈，来访者的谈话内容为"诉说，询问，求得说明"，而接谈者的发言内容为"询问，共同思考，追问，加以说明，根据情况给予指点或建议"，接谈者必须表示出自己理解对方的立场，同时在谈话中应注意了解对方提出咨询的动机或背景。

参考咨询接谈中，咨询馆员的角色与上述接谈者是基本相同的。为明确咨询内容，对咨询内容进行分析，确定检索方针，挖掘咨询者更真实、更深层次的需求，咨询馆员应该理解咨询者的想法，有时还要把握咨询者本人的各种属性，以了解其咨询动机或背景。为了挖掘咨询者更真实、更深层次的需求，不仅要依据咨询者的言谈话语，还要注意观察咨询者的态度、动作等身体语言。在咨询的答复阶段，要向咨询者"递交"解决其问题所需的信息或资料。一名合格的咨询馆员必须是一位出色的面谈者。

金（G. B. King）认为，参考咨询接谈的实用技巧有两种，一种为开放式提问，即提出"让用户自由回答的问题"（open question），一种为封闭式提问，即提出"让用户选择回答的问题"（closed question）①。

所谓开放式提问是让咨询者掌握如何回答的主动权，常以"什么"、"何时"、"如何"、"谁"、"在哪里"等进行提问。而封闭式提问则是让咨询者选择"是"或"不是"，或者从多种答案中选择回答。

金认为在与咨询者接谈的前期应采取"开放式提问"，后期应采取"封闭式提问"。在开始受理阶段及明确咨询内容阶段，促使咨询者自由地讲述自己的信息需求是非常重要的。而在咨询内容分解剖析阶段及确定检索方针阶段，则必须将咨询内容转换成图书馆的信息系统能够检索的词语，即要确定信息源或检索词。

互联网上供人们自学参考咨询业务的优秀教材《Ohio Reference Excellence（ORE）Web－based Training》②，将下列项目作为咨询馆员的工作规范核对清单：

①易于接近（approachability）

——笑脸相迎

---

① King, G. B. The reference interview: open and closed question. RQ, 1972, vol. 12, p157－160.
② ORE on the web. 2007－12. http：//www.olc.org./ore，（参照 2011－8－30）.

——视线对接

——亲切问候

——眼睛平视

②舒适（comfort）

——语调平和

——与用户站在同一立场

③关心（interest）

——保持与用户视线对接

——细心周到的评论

——心无旁骛的关注

④倾听（listening）

——不插话

——转述咨询者的话

——明确咨询者的意思

⑤提问（inquiring）

——详细了解（开放式提问）

——确认

⑥检索（searching）

——根据所用第一个信息源找出答案

——也要检索其他信息源

——及时与用户沟通检索情况

——进行指点和介绍

⑦信息提供（informing）

——语言明了

——确认对方是否理解答复内容

——应告知所用信息源

⑧追加确认（follow–up）

——询问对方答复是否完整

——询问是否还有其他问题

通过电子邮件受理咨询并给予答复时，参考咨询接谈依然是非常重要的。斯特劳（joseph e. straw）对面对面接谈（face–to–face interview）和虚拟接谈（electronic interview）进行了对比研究，认为"尽管信息交流技术发生了变化，参考咨询接谈将依然是参考咨询业务工作的核心"，提出以下几种有效的虚拟接谈技巧①。

①必须考虑什么情况下适于采用虚拟接谈。电子邮件等方式，适于处理只需少量信息源或有限的追加调查等很快就能完成的业务。

②虚拟环境中的咨询馆员也应易于接近，这一点与传统的参考咨询台完全相同。为创造虚拟的易于接近（virtual approachability）的氛围，在开发参考咨询系统时，一定要做到让用户感觉自己找对了咨询对象。另外，接到用户的第一封邮件时，必须当即发出"邮件收悉"的回复，这一点也是非常重要的。

③当咨询已经超出简单的事实咨询时，与面对面接谈一样，咨询馆员可以"开放性式提问"和"封闭式提问"并用。为通过电子邮件的往来说明情况，咨询馆员必须要编写新的邮件。同时虚拟环境下的沟通交流，需要琢磨邮件字里行间的含义。这些都是对咨询馆员能力的考验。

④电子邮件的方式最适于根据用户的反应了解沟通是成功还是失败。另外，在线答复咨询，是咨询馆员引导用户提出其他问题、向用户宣传图书馆其他信息源及服务的绝好机会。

⑤虚拟化信息交流沟通的出现，并不意味着咨询馆员不再承担作为一名良好的倾听者的责任。毫无疑问，这一技能必须从传统的面对面接谈中继承下来。或许虚拟参考咨询接谈的重要要素是通过书面语言进行的信息交流，咨询馆员必须有能力撰写条理清晰、语言简练、逻辑性强的邮件。

---

① Straw, Joseph E. A virtual understanding. The reference interview and question negotiation in the digital age. Reference & user services quarterly. 2000, Vol. 39, no. 4, p376–379.

第4章 参考咨询服务的理论与实践——2

开展参考咨询服务涉及的具体问题

4.1 参考咨询服务的策划与实施

4.1.1 参考咨询服务的实施与运营资源

1）信息服务选择方式

以参考咨询服务为代表的信息服务的意义及其重要性，我们在本书第2章第2节"图书馆信息服务的意义与构成要素""（1）图书馆提供信息服务的意义"中已进行了说明。

那么，参考咨询服务实际在图书馆中是如何开展的呢？从图书馆运营的角度出发，我们可以认为参考咨询服务是图书馆利用自己能够动用的资源，包括人力资源、信息资源、设备、设施等（这些可统称为运营资源），来满足用户信息需求的活动。我们在第2章第2节"（2）信息服务的构成要素"中已经讲到，信息服务是由用户、图书馆员、信息源这三要素组成的，即以参考咨询服务为主的信息服务，是图书馆利用图书馆员、信息源等运营资源，向用户提供有用信息的行为。

因此，图书馆必须研究用户的情况、图书馆自身拥有的运营资源的情况，以及在这种条件下如何提供最为有效的信息服务，制定计划并加以实施。关于这一点，本书第2章第4节"各类图书馆与信息服务"中已经做了说明。在这里，我们展开来讨论服务类型的选择。

图书馆如欲确定本馆开展哪一种信息服务，首先必须研究自己所选择的服务能为用户带来什么样的便利，以及为开展这一服务需要动用图书馆的哪些资源，在对这两者进行平衡的基础上做出决定。下面介绍一种决策方式。

给用户提供的便利，有以下几个方面。

① 教育效果——用户可根据自己的需要充分利用图书馆，为满足自己的

信息需求而学习并掌握信息检索方法。

② 解决问题——用户利用信息服务可获得解决问题的线索或答案。

③ 有助于思考——信息服务可刺激用户进一步思考，起到催化作用。

④ 明确方向——信息服务所提供的信息，可能会成为用户改变研究方向的契机。

⑤ 信息检索、信息获取——负责信息服务工作的图书馆员，代替用户寻找对用户有用的信息。

另一方面，图书馆能够动用的运营资源的种类与性质如下。

⑥ 馆员的专业能力——要有效开展能够满足用户需求的信息服务，离不开图书馆员的专业知识和丰富经验，馆员的专业性指馆员具有专业知识或具有在工作中发挥其专业知识的能力。

⑦ 必要的时间（应对用户需求）——信息服务从准备到实施需要一定的时间。这是参考咨询服务中为满足用户需求而具体开展咨询工作所要花费的时间。

⑧ 必要的时间（准备工作）——完善参考资料、购买数据库等，为开展咨询服务做好前期筹备工作所需花费的时间。

⑨ 直接费用——为开展服务而直接花费的费用，如数据库的使用费等。人员经费、资料购入费等是图书馆运营的基础经费，因此不列入直接费用中。

⑩ 机器设备——要开展服务必须配备相应的机器设备。比如用于检索在线数据库的计算机和网络等机器或设备。

我们以第2章第3节中讲述的属于"直接服务"的各种信息服务为例，分别列出用户获得的便利与图书馆必须投入的运营资源，即得出表4-1"掌握信息服务的特点"。

例如，参考咨询服务使用户在信息检索方面享受到极大的便利，有助于解决用户的问题。与此相对应的必要运营资源，包括专业性较强的馆员、处理咨询所需工作时间，甚至还有完善参考咨询专藏所需准备时间。这种服务的效果很好，但同时也需要消耗相应的运营资源。而推荐服务的作用在于为用户"指明方向"，对馆员专业性的要求不像参考咨询服务那样高。

指导用户利用图书馆的服务，用户一方享受到的最大的利益是"教育效果"，但在运营资源上最大的问题是需要时间。制作、发放用户指南，会产生印刷费等直接费用，如果在网站上提供服务，还必须配备用户使用的终端设备。关于这一问题，详细情况请参考第7章。

表4-1 掌握信息服务的特点

		读者获得的便利					图书馆必须抽入的运营资源					
							图书馆员工			直接费用（人员经费，资料购入费除外）	机构·设备
		教育效果	部量得到解决	帮助思考	明确方向	信息检索·信息获取	专业能力	应对读者需求	前期筹备工作		
提供信息	回答问题（参考咨询服务）	快速参考咨询		○			△					
		检索·调查	△	△			○	●	●	▲	●	●
	检索在线数据库						○	●	●	●	●	
	确定书目信息·馆际互借			△			○	▲	▲	▲		
	推荐服务		△		△	○		●	●	●		
持续服务	阅读辅导		△	○	△	○	△	▲	●	▲		▲
	新知通报服务		△		△	△	△	●	●	●		
	利用教育，读者教育		○									

注）○为极大的便利。△为某种程度的便利。●为非常需要。▲为某种程度的需要。

54

在线检索服务带来的最大的便利就是信息检索方便，但这项服务需要动用图书馆几乎所有的运营资源，包括专业性较强的馆员、应对时间、训练时间、数据库使用费、电脑及网络等。新知通报服务通过"提供新思路"来帮助科研人员，这种非常独特的服务则需要大量的准备时间。图书馆需要利用表4-1，从用户获得的便利和所需消耗的运营资源这两个方面，研究确定应该提供哪种类型的服务，这一点非常重要。

2) 信息服务类型选择实例

下面我们参照表4-1"掌握信息服务的特点"，考察几类图书馆在开展信息服务时，选择哪种服务比较有效。

① 除人员经费外，其他预算较少的地区公共图书馆
② 预算充足的县立图书馆
③ 企业研究所的图书室

其中，①类图书馆除人员经费以外的预算费用较少，这意味着不能使用与信息服务相关的直接费用，因此难以开展成本较高的在线检索服务。换一个角度来考虑问题，作为公共图书馆，应该将工作重点放在用户教育上。在公共图书馆，反复性的利用行为较多，也说明图书馆应该采用这种方针。因此，此类图书馆能够开展的服务包括阅读指导、咨询服务、用户教育、馆际互借等。这些服务除人员费用、资料费以外，很少需要附加的直接费用，符合公共图书馆的职责，所以适合在小规模公共图书馆开展。不过，要真正开展参考咨询服务，必须解决图书馆员的专业性问题。总之，开展具有地方特色的服务是最理想的。推荐服务在小地方的需求不多，毕竟公共图书馆可以依靠的专业机构即"类缘机构①"并不多。

其中，②类图书馆预算充足，应开展效果良好的在线检索服务，努力提供更高层次的信息服务。县立图书馆也是县内各市町村图书馆开展咨询服务的有力后援，其不能将自己等同于市町村立公共图书馆，要在提供高难度参考咨询服务的同时充分发挥自己的职能，为市町村公共图书馆提供支援。

与公共图书馆的用户均为普通人不同，其中，③类图书馆的用户都是研究人员、技术人员等专业人士。这些用户对自己研究领域的情报都非常了解。他们到图书室来，目的是：ⅰ在更广的范围内搜寻有用的信息，ⅱ获取对研

---

① 从公共图书馆的角度出发，对拥有专业领域资料并向公众提供服务的专业信息机构的称呼。

究工作有指导作用的线索，iii 期待在图书室就某一主题进行网罗性的信息收集。因此，这类图书馆应该开展的服务有"在线检索服务"（满足 i 和 iii 项需求），"推荐服务"（满足 i 项需求）、"新知通报服务"（满足 i 和 ii 项需求）、"馆际互借"（满足 i 项需求）服务。

如果学科馆员能够起到"帮助思考"、"指明方向"的催化作用，图书室就能更为有效地履行支撑科研的职责。用户需要图书馆提供的信息能触动自己，与图书馆员的对话能让自己心有所动、有所启发。这也是图书室利用信息为科研、为企业运营提供帮助的一种方式。

总之，应该根据特性区分利用包括参考咨询服务在内的信息服务。要通过提供信息服务尽量满足用户的需求，在具体开展工作时，必须充分考虑选择开展哪些服务及如何组合，这一点非常重要。这与企业追求最佳产品组合的理念非常相似。

3）服务的深度

下面我们来探讨如何确定第 2 章第 3 节中所说的直接服务和间接服务的比重。如将重点放在间接服务，则增加了用户自己利用参考资料查找文献的机会，从而降低了直接服务的比例，有利于增加直接服务的广度和深度。间接服务内容的充实，意味着用户教育效果的提高。因此，对信息需求与咨询问题类型较为固定的教育机构图书馆来说，采用这种策略会非常有效。

向用户提供信息需求难以固定的商务信息服务时，一种有效的做法即为，开展属于直接服务的在线数据库检索服务，并为此努力配备必要的检索设备和专业馆员。关于这一点，第 5 章中有较为详细的叙述。

另外，关于咨询答复，有以下几点需要注意。

在参考咨询服务中，答复咨询有好几种方法。

Q：某某市各行业就业人口最新统计数据？

针对这一问题，有几下三种答复方式。

A1：该数据载于《某某市统计报告》。请查阅《国情调查报告》。
A2：您要的数据在这张表中。具体为农业……人，渔业……人，制造业……人。
A3：图书馆只收藏了前年的统计数据。去年的数据，您可到某某市的信息公开窗口询问。地址为……。

A1 种答复，是向用户提供了刊载有其所需信息的资料。用户据此可使用该资料的目录或索引，或者翻阅全部资料就能找到自己需要的信息。给予答复的图书馆员，有时会提示出信息的刊载页码，这种情况近似于 A2 的答复方法。

A2 种答复，是向用户提供其所需信息本身，对用户来说是最为周到的答复方式。用户不用查资料就能获得自己所需信息。从图书馆一方来看，属于提供"事实"。

A3 种答复，是提供参考咨询服务的图书馆受馆藏文献制约或因图书馆员能力有限，无法回答用户的问题时采用的答复方式。这种情况属于我们在第 2 章中所讲到的"推荐服务"。这种答复方式并不只是在本馆回答不了用户问题时才用的消极方式，有时是图书馆员认为别家机构能答复得更为圆满，从而为用户提供更多选择方案的积极的答复方式。

对于用户来说，图书馆的参考咨询服务如能直接提供事实那是最方便的了。但是作为提供信息服务的图书馆来说，与 A1 相比，A2 需要图书馆员付出更多的工作量与时间。为达成向更多人提供服务这一目标，采取 A1 那种只提示资料的方式就可以处理更多的用户咨询。一名图书馆员每次只能接待一位用户，从节约运营资源的角度出发，图书馆必须在信息服务业务中合理分配专业图书馆员这种珍贵的人力资源。在参考咨询服务实务中，追求满足用户需求的同时也应充分考虑到这一点。

4.1.2 参考资料的组织

巴克兰（Michael K. Buckland）提出，图书馆开展服务应该遵循以下两大原则①。

①图书馆服务的作用＝使文献获取更加容易

②图书馆的使命＝为所属机构履行职责或服务对象开展工作提供支援

原则①与"信息资料的收藏与保存"并列成为图书馆最为重要的职能。在数字化图书馆不断发展的环境下，文献保存不再仅仅是几个图书馆的职能，已成为各个图书馆的重要工作。

---

① Buckland, Michael K. 図書館サービスの再構築. 高山正也, 桂啓壮訳. 勁草書房, 1994, p5.

原则②多适用于高校图书馆、中小学图书馆和专业图书馆。但已经有人指出，公共图书馆未来的发展方向是转型为解决问题型图书馆①。因此，这一原则就变得非常重要了。

原则①中"信息组织"占据着重要地位。详细情况请参照本系列丛书第9卷《信息资源组织论》，这里仅做概述。

图书馆为便于用户高效获取信息，必须按一定标准对用户检索对象——信息资源（=藏书等）加以整理。这也是图书馆处理信息资源的一项重要工作。下面我们以快递服务为例进行说明（请参照图4-1）。

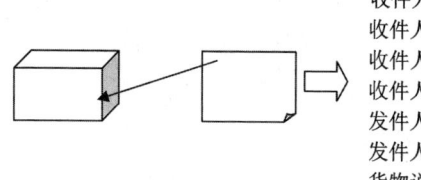

收件人地址
收件人电话号码
收件人姓名
收件人地址
发件人电话号码
发件人姓名
货物说明（书籍、玻璃制品、电脑、衣服……）

图4-1　快件与快递单

我们在使用快递服务运送货物时需要做什么呢？首先是将货物装袋或装箱并加以捆扎，然后将其送到便利店委托发送。这时需要填写快递服务专用的票单，填写内容涉及"收件人地址"、"收件人姓名"、"收件人电话号码"、"发件人地址"、"发件人姓名"、"发件人电话号码"以及"货物说明"（书籍、玻璃制品、笔记本电脑、衣服等），然后填写希望配送的时间。

我们填在快递单上的信息有什么作用呢？首先，它让快递公司了解该快件要送到哪里、送给谁，是快递公司将快件运送回仓库后进行整理排列时所依据的指标。其次，它让快递公司了解包装好的货物是什么。如果是书籍则予以普通处理，如果是玻璃制品，则要小心轻放。如果快递员或卡车司机必须打开箱子才能知道里面的货物是什么，不仅麻烦，而且重新包装也很费事。在外包装上贴上快递单，在快递单上标明内容物，这个问题就得到了解决。

书籍也存在同样的情况。货物不打开包装就无法知道里面装的是什么，

---

① これからの図書館のあり方検討協力者会議．これからの図書館像—地域を支える情報拠点をめざして—．文部科学省．2006-03．http：//warp.da.ndl.go.jp/info： ndljp/pid/286184/www.mext.go.jp/b_menu/houdou/18/04/06032701/009.pdf，p12-13，(参照2011-09-09)．

而书籍如不阅读则不知其内容是什么。这给用户检索、书籍排架和整理带来了不便。

快递单"货物说明"一栏中的文字，让快递员不用打开包装也能知道里面的货物是什么，从而大大提高了工作效率。如对书籍等信息资源也采用这样的方法，相关工作做起来就变得简单易行。与包裹快递单上填写的内容相类似的东西，我们称之为"二次文献"，相当于包裹本身元文献（资源），称为"一次文献"。

我们从另一个角度来梳理这个问题。用户为达成自己的目的而使用的论文或新闻报道等资料为"第一手资料"（primary source），即原始的没有经过加工的资料。如果用户关注的不只是资料，而是资料中刊载的信息，则称其为"一次文献"（primary information）。所谓第一手资料，就是刊载一次文献的资料。

"二次资料"（secondary source）则指用于揭示第一手资料上刊载的一次文献的资料。从信息层级的角度来说，称为"二次文献"（secondary information）。二次资料或二次文献，具有以下功能和优点。

假设现在有位用户想收集与某一主题相关的信息。如果世上只有第一手资料，则他必须将已经获得的资料或图书馆收藏的资料全部读一遍，查找与其主题相关的内容。

这说明将信息进行整理加工以方便日后使用是多么重要。信息"整理加工"连接着"信息收集"与"信息收藏与保存"这两个工作流程，具有以下重要意义。

收集第一手资料或一次文献，在开始时还能明白哪本资料里有什么内容，但是随着文献资料数量不断增加，如果不加以整理，很快就难以分辨哪个资料里有什么内容。如果想知道有无某种资料或文献，只能将收集起来的文献资料从头挨着看，逐一确认这些文献资料里都有什么内容、是否符合信息需求。如果采用这种方法，在信息或资料积累到一定程度后，只靠第一手资料很难进行有效管理。

必须使用某种方法对收集起来的资料进行整理，以方便日后使用。这里所说的"整理"，指的是赋予收集起来的资料某种顺序，以便能够高效地检索各类主题的信息。因此，人们称资料或信息的整理工作为资料或信息的"组织"（organization）。

要高效开展参考咨询服务，必须能够获得有用的信息资源。因此，最好按某种标准将参考资料组织起来。通常来说，参考资料多按本书第8章所述的形式加以分类。

4.2 参考咨询服务的组织与人才

4.2.1 参考咨询服务的运营与组织

参考咨询服务作为图书馆的一项业务，必须运用图书馆员、信息资源等运营资源，为用户提供最恰当的信息，满足用户需求。从图书馆经营的角度来考虑，要开展参考咨询服务，必须完成制定计划（planning）、成立机构（organizing）、配备人员（staffing）、进行评估（controlling）这四项工作[①]。

图书馆作为一个组织，会制定工作计划以明确今后一段时间内的工作目标。其中也包括承担参考咨询业务的部门的工作计划。

关于成立机构和人员配备，在图书馆中，如果参考咨询服务业务不像阅览、外借、图书采访、图书整理等业务那样重要，愿意利用参考咨询服务的用户数量较少的话，各种岗位上的图书馆员在用户有需要时提供服务即可。但是，参考咨询业务是图书馆服务工作的重要组成部分，随着用户对参考咨询业务的关心程度和需求程度越来越高，图书馆有必要设立专门负责参考咨询工作的岗位或部门。当然，职员不多的图书馆每位馆员都是身兼数职，很难设立专门负责某项业务的岗位。这正如公司一旦达到一定规模，就会成立专门负责财务工作的经理科一样。

首先要设立专门负责参考咨询业务的组织机构。要围绕参考咨询服务职能的履行构建组织机构，即按职能划分部门[②]。如果图书馆的规模不断扩大，咨询数量上升，咨询内容也越加复杂，那就应该按照咨询问题和答复所涉及的知识领域划分部门。例如负责"人文科学·社会科学"的部门和负责"自然科学"的部门，即"按专业主题划分部门"。但随着社会越来越复杂，有些

[①] Bone, Larry E. The role of management in reference and information service. Reference services and library education. Lexington Books, 1982, p37-50.

[②] 長澤雅男. レファレンスサービス：図書館における情報サービス. 丸善, 1995, p202.

咨询无法清晰地划分领域，跨领域咨询也越来越多，有些图书馆便成立综合部门来处理这些咨询，比如"普通参考咨询部门""普通参考部门"等。关于承担参考咨询业务的图书馆员的职务和专业性，我们后面再谈。

所谓评估，也可以说是反省，是通过评估了解该业务是否达成了目标、有无缺陷、如何完善等，进而在改善后向用户提供更好的参考咨询服务。关于参考咨询服务的评估，我们在其他章节中再详细探讨。

4.2.2 参考咨询馆员的职务与培训

参考咨询服务是图书馆业务中对专业性要求较高的工作，要在短时间内答复用户各种各样的信息咨询。有的咨询是需要花费时间才能答复的，但多数情况下，在受理咨询时咨询馆员就已对其方向性有了某种程度的判断。咨询馆员在信息收集方面所掌握的知识和技能，必须超越咨询者才行。

社会上信息量庞大，流通的文献数量也相当惊人。提供信息的媒介从书籍、杂志、报纸等纸质印刷媒体扩大到互联网等电子媒体。随着互联网的普及，普通人也有能力实现在社会上传播信息资料，而这在过去则被出版社、报社所垄断。现代社会中传播的信息，其质量鱼目混珠，极难对其进行适当的评价。此外，各个网站收集的信息又受限颇多，如果对此不了解，则会"缘木求鱼"，信息收集会偏离既定的方向。

因此，作为情报专家向用户提供参考咨询服务的咨询馆员，必须时刻注意社会上各种信息的动态，从中收集正确的信息，不断地积累信息资源相关知识，磨炼信息检索技能。为提高员工能力而有组织地开展的教育称为"培训"。社会在不断发展，如果我们停步不前，就会越来越落后，更不用说以信息这种眼睛看不见的抽象的东西为工作对象，开展培训就更有必要了。

下面我们列举以信息服务为核心的图书馆业务培训计划，对实际的培训内容进行说明。

英国 CILIP（Chartered Institute of Library and Information Professionals，图书馆与情报专家协会）"2009 年培训指南（Training Directory 2009）"中列出的培训项目如表 4-2 所示[①]。

---

① 关于各培训科目的标题，著者从把握内容的角度将英文原标题翻译成了日语，因此从逐字翻译的观点看，部分日语表达并不严密。其中一些重要科目也出现在该培训指南 2010 版中。

表4-2 英国图书馆与情报专家学会（CILIP）的培训计划概要

领域	科目
目录与分类	英美编目条例（第二版）入门 目录与分类 美国国会图书馆主题词表解说 MARC21入门 元数据的要点 MARC21应用 连续出版物篇 MARC21应用 网络资源篇（半天）
儿童与青少年（YA）	少男少女与读书 中学图书室的运营 特殊教育支援 家庭学习支援 促进青少年利用公共图书馆
著作权与授权	关于著作权的高级研讨 高校图书馆中的著作权与授权 企业中的著作权与授权 如何遵守著作权法 著作权入门 电子文献的著作权 电子文献著作权的谈判方法
图书馆与信息管理	如何制作被普遍认可的文摘 医学图书馆员的评估方法·基础篇 医学图书馆员的评估方法·应用篇 利用ACCESS制作馆内数据库的方法 图书馆信息服务的基本技能 图书馆信息服务的应用技能 咨询分析与答复基础 咨询的远程答复 Web2.0环境下的馆际互借与文献传递 图书馆信息系统的引进与维护 在巡视中发现用户 信息服务的策划与设计

续表

领域	科目
经营管理与人才开发	一线员工的沟通交流能力
	管理人员的沟通交流能力
	用平衡计分卡进行评估的实践
	预算申请方法
	经营管理入门
	经营管理技巧高级篇
	纸质档案的管理整理方法
	对派出机构员工的管理方法
	图书馆经营要点
	谈判技巧
	服务、业务的定位
	如何提高员工积极性
	图书馆信息服务中的项目管理
	图书馆的后勤保障
	什么是图书馆或信息服务的专业性
	内部评估方法
	对未来战略的情景描述
	未来图书馆的设计方法
	管理方法
	如何提高沟通能力
推广技巧	如何让对方对你的服务留下深刻印象
	如何成为一名咨询顾问
	学术信息服务中的 CRM（用户关系管理 Customer Relationship Management）
	如何制作电子报
	网络调查入门
	图书馆影响力调查
	如何在企业内部宣传图书馆的意义
	如何扩大健康专业图书馆的"商圈"
	学术图书馆的推广计划
	推广工作早知道
	如何利用口碑推广图书馆服务

续表

领域	科目
研究调查方法	案头调查方法 案头调查 高级篇 最先进的网络调查 免费的健康信息（面向公共图书馆） 企业信息的收集与分析 法律信息的收集与分析 如何完善调查并提供具备附加价值的答复
教育与学习	Web2.0时代的学习与信息应用能力 高等教育机构对外国留学生提供的帮助 对研究生的帮助 对多数学生的授课方法 法律信息调查指导方法 对中学图书馆司书的授课方法 教育方法的改变
网页与互联网技术	互联网环境下的媒体使用方法 门户网站的设计与使用 谷歌的使用方法 谷歌的界限及突破方法 网页的完善 博客、维基、RSS的使用方法 社交网站的使用及社交网站使用者建立的网站 利用互联网检索法律信息

在该培训计划中，培训项目不仅有"目录与分类"、"儿童与青少年（YA）"、"图书馆与信息管理"等图书馆员所需的传统技能，还有"著作权与授权"、"经营管理与人才开发"、"推广技巧"、"研究调查方法"等未来图书馆情报专家必须具备的重要能力，培训项目也均自成体系。在传统业务领域培训中，还涉及"MARC21应用 网络资源篇"、"Web2.0环境下的馆际互借与文献传递"、"信息服务的策划与设计"等当下热门话题。在经营管理与市场推广的领域中，培训内容像企业的内部培训那样丰富，这是基于"图书馆是有组织的服务行业"这一认识设计出来的方案。

"参考咨询与用户服务协会专业能力培训分会"(The Reference & User Services Association Task Force on Professional Competences)在针对图书馆员、图书馆、信息中心等制作的业务指南中,指出了从事参考咨询服务或用户服务的图书馆员必须具备的能力(即优秀员工行为模式)[①],一为"了解用户的信息需求和信息行为",二为"掌握有效应对用户信息需求的技巧"。

表4-3中列举了图书馆员应具备的能力。作者在表4-3最右侧的列中,用*表示某种能力是否与(U)用户、(M)信息资源、(L)图书馆员、(S)信息服务相关联,从中我们可以看到,对于馆员能力的要求是较为全面、均衡的。

表4-3 从事信息服务或用户服务的图书馆员应具备的能力

分类	能力	目标	U	M	L	S
信息获取	敏感度	对用户服务较为敏感	*			
	服务的策划与设计	有效策划、设计能够满足大多数用户需求的服务	*			*
	有鉴别力的思考与分析	在深度分析现有信息资源和服务的基础上提供高质量的服务		*	*	
基础知识	准确掌握信息服务环境	利用信息资源,更新参考咨询、用户服务相关知识		*		*
	知识应用	有效应用新知识,在实际工作中不断扩大参考咨询、用户服务范围				*
	知识传递	与同事分享经验,向后辈传授经验			*	
	进取心	通过与同事合作或个人学习,提高自身技能,工作不断改进			*	
	调查	通过调查明确何种类型的参考咨询服务适合于何种类型用户				*
	交流沟通与主动服务	向用户传达参考咨询、用户服务的本质	*			
	评估(工作)	自始至终对参考咨询、用户服务的效果进行系统评估				*

---

① Professional competencies for reference and user services librarians. Reference&User Services Quarterly. 2003, vol. 42, Iss. 4, p290.

续表

分类	能力	目标	U	M	L	S
合作	与用户的关系	将用户视为信息检索过程中的合作伙伴	*			
	与同事的关系	为提供高品质服务而与同事密切合作			*	
	同专业人士的关系	为扩大用户服务而与专业人士开展合作			*	
	在图书馆界以外的合作	为扩大用户服务而超越图书馆界的范围开展合作	*			
对信息资源与服务的评估	用户需求	运用各种工具和技术调查用户的信息需求	*			
	信息服务	调查对用户所提供信息服务的效果				*
	信息资源	评估信息资源是否适用于服务目标或能否满足用户需求	*			
	服务的传达	根据用户的利用环境或技术水平评估现有服务			*	
	信息界面	评估信息资源的形式、获取便利程度以及表现方式		*		*
	信息服务的提供者	评估工作人员的工作能力			*	

（本表系著者在原表的基础上添加了右边的四列。原表出自"Professional competencies for reference and user services librarians. Reference&User Services Quarterly Summer2003. Vol. 42，Iss. 4，p290"）

在各类图书馆中，专业图书馆具有"用户（接受服务的人）类型、用户群体较为固定"、"规模较小"、"重视情报机能"、"图书馆的设立未得到法律法规的保障"、"热心于新技术的使用"等特点[1]，因此必须在经营管理上下功夫。人们对于专业图书馆的讨论也多集中在承担信息服务的人员应具备何种能力上。例如，丘奇（Doug Church）就指出专业图书馆职员在今后五年中应该发挥何种作用[2]。从中我们可以看出专业图书馆为应对环境变化而寻求变革的意图。

第一种作用为"信息顾问"。所谓顾问，指利用自己的专业技术和专业知识，向前来咨询的人们提供指导与帮助的人。今后，随着用户自身信息素养的不断提高，他们自己就能进行简单的信息收集，图书馆员为此开展参考咨询或调查的工作将会减少。但是在主题复杂的信息收集中，需要图书馆员提供指导与帮助的情况会有所增加。这种趋势不仅体现在到馆服务中，在虚拟

---

[1]　山崎久道. 専門図書館経営論：情報と企業の視点から. 日外アソシエーツ，1999，p31–32.
[2]　Church, Doug. Breaking Free of the Reference Shackles. Information Outlook，Vol. 3，no. 3，1999，p18–20.

参考咨询服务中图书馆员发挥"顾问"（如确定检索方针等）作用的情况也很多。图书馆员必须具备关于信息资源与信息技术的丰富知识和灵活应对用户需求的能力，能为用户提供信息收集方案，要充分证明图书馆员作为专业人士在信息收集方面具有不可替代的优势。

第二种作用为"信息分析人士"。即不对用户提供未加工的信息，而是对信息进行分析、解读，经过深层次加工，使信息具有附加价值的信息服务。这要求咨询馆员要具有分析能力和表达能力等[①]。

第三种作用是"信息教育培训专家"。用户要自己动手完成信息收集或检索工作，自然会希望掌握相关方法。这需要专业图书馆员具有丰富的经验与知识，并以通俗易懂的方式传授给用户。

第四种作用是"局域网建设的策划管理者"。这项工作的重点在于如何将外部信息与企业内部的局域网结合起来[②]，要求专业咨询馆员具有策划能力和表达能力。

第五种作用是"信息产品的开发者及市场推广的实践者"。外部信息与内部局域网的融合，为编纂、提供新的信息商品提供了空间，例如编辑针对特定用户的统计数据或媒体报道等。这要求专业咨询馆员具有敏感度和洞察力。

第六种作用是"企业内的知识管理者"。提高人们对知识重要性的认识，其实就是提高信息专业人员的重要性。企业信息中心的职员，承担着图书馆管理、数据库管理、竞争战略信息管理、市场调查、知识内部共享等多种职责。这要求他们具有抽象思维能力和逻辑思维能力。

今后，要想成为一名专业图书馆的馆员，必须具备沟通交流能力、教育培训能力、经营管理能力以及关于计算机和网络的基础知识。鉴于专业图书馆一直都将信息服务作为工作重点，其对馆员能力的要求，终将适用于在各类图书馆从事信息服务的图书馆员们。

4.2.3 灵活运用参考咨询服务案例的意义

在上一节，我们说明了参考咨询服务成果的好坏取决于咨询馆员专业知

[①] 编制题要、文摘等，均可视为图书馆员发挥这一作用的实际体现。
[②] 这与"企业内部信息中心最重要的功能就是'收集有关外部环境的信息'"这个观点是一致的。（请参考：山崎久道. 専門図書館経営論：情報と企業の視点から. 日外アソシエーツ, 1999, p46、p59）。

识的多寡和能力的高低,阐述了咨询馆员不断主动钻研、参加业务培训的必要性。积累参考咨询服务案例并在图书馆员之间共享也同样有着重要意义。这项工作既有某一图书馆自己开展的情况,也有像日本国立国会图书馆主导的参考咨询联合数据库这种在国家层级中开展的情况。那么积累并灵活使用这些案例具有什么意义呢?

逻辑推理的方法,有"演绎法"和"归纳法"①。这些方法无论作为学术研究的方法,还是作为具体实践的方法,都有着重要意义。"演绎法"是从正确的一般命题出发推导出特殊命题,是从抽象到具体。放在学术研究和实务处理上,这意味着构建基础理论,并据此应对和处置日常问题。对参考咨询服务来说,就是根据对本书第2章所阐述的各要点以及第3章所阐述的信息需求构成和参考咨询流程的理解,来处理用户提出的各种问题和信息需求。

这种方法是非常有效的,在某种程度上决定着参考咨询服务的实施是否正确。由于不脱离基线,所以很少会犯大的错误。但如果只采用这一种方法,会过于死板生硬,难以处理细微差别和采取灵活的措施。

而"归纳法"则与"演绎法"相反,是"从特殊到一般"或"从具体到抽象",在研究对象复杂、难以分析的情况下,这一方法非常有效,多用于社会科学及实验性自然科学研究中。从这一点考虑,对参考咨询服务这种各要素错综复杂的事物或活动,采用这种方法非常有效,可以将每一个参考咨询案例收集起来,从中发现知识或事物的发展方向,供当下正在开展的咨询服务参考使用(请参考本书第8章第3节第6项"参考咨询案例集")。

积累案例还具有"归纳法"特有的另一个特征,即新发现和再创造。著名的"KJ法"②就是充分利用"归纳法"这一特点且被人们广泛使用的分析方法。

4.3 参考咨询服务的评价

4.3.1 经营管理问题

图书馆在开展参考咨询服务等信息服务时,必须遵守"经营"的规则,

---

① 矢野健太郎编. 数学小辞典. 共立出版,1998,p37,p100.
② 为川喜多二郎创造的一种解决问题的方法。

考虑如何才能获得最佳效果，如何有效利用经营资源，以及如何选择最好的服务方法。一般来说，管理是以最大效率利用组织已有和可支配资源为目的的活动。如此看来，管理不仅仅是企业特有的机能，对政府机构、自治团体、各个团体等非营利性组织来说也是必要的。作为非盈利团体之一的图书馆，也需要考虑管理方法。

管理学家彼得·德鲁克（Peter Drucker）指出，负责管理的经营管理者①需有以下五种基本工作能力②：

①设定目标

②组织

③赋予动机及良好沟通

④测评

⑤人才开发（包括自我）

其中，①"设定目标"指向员工（部下）明示工作目的，阐明"为何而工作"。例如企业的目标非常明确，是"为顾客提供优质产品"。但图书馆却很难提出一个明确的目标。可如果不提出目标，员工各自为营，仅仅是重复现有工作步骤，组织就会失去活力，很难为用户提供优质服务。

此外，管理者以积极的态度对待员工也是非常重要的。众所周知，管理者的积极态度与干劲儿会对员工形成良性刺激，从而收到良好的工作效果。

其中，②"组织"指人员的管理。一般来说，图书馆较少从外部引进人手，工作大多由图书馆员分担。图书馆管理者应该将"人"而不是"书"作为自己的工作对象。

其中，③"赋予动机及良好沟通"这一项也非常重要。比起被强制性劳动，人们往往在带着问题意识主动工作时更能取得良好的工作效果。为激起员工的工作意愿和问题意识，管理者必须直接与员工对话，向员工表达自己期待其做出更大的贡献。

其中，④测评指客观测定员工的工作成绩，并在此基础上进行评价。公正的评价能激励员工，反之，如果只是根据个人感情或出于私心评价不公，

---

① 这里所说的"经营管理者"也包含部门管理者。也就是说，对图书馆来说，不仅指馆长，还指部门领导、科组领导，其中自然也包含参考咨询服务的负责人。

② Drucker, P. マネジメント（下）. 野田一夫，村上恒夫監訳. ダイヤモンド社，1974，p37-38.

会极大打击员工积极性，也会给③"明确动机"带来不良影响。但是，对图书馆来说，进行客观评价或基于数据进行评价是非常困难的。因此，必须多角度思考和尝试，对图书馆员的工作进行正确的评价。

与以上四项为管理者处理当前工作所应具备的能力不同，其中，⑤"人才开发"则是从长远着眼所应具备的能力。如果某个组织最重要的资源是人，要提高组织的整体能力，取得良好的工作效果，努力提高每个职员的能力就显得至关重要。

从这个意义来看，对经营管理者来说，"人才开发"尤为重要。需要注意的是，人才开发也包括管理者对自身能力的挖掘，且管理者本人的上进心能够很好地刺激职员产生不断进步的意愿。

此外，克莱尔（guy st. clair）在信息服务管理的论述中，指出管理者的工作流程包括以下四个方面①：

①概念化，策划 conceptualizing and planning

②组织　organizing

③指导，赋予动机 directing and motivating

④评价，测定 evaluating and measuring

这与德鲁克提出的几点很相似。事实上，即使管理者不属于以上任何一个流派，也应时刻认识到人才培养的重要性。

4.3.2　服务评价中的问题

应经常对参考咨询服务效果进行分析评价。分析咨询结果的相关数据，管理者会发现一些问题，诸如用户满意度如何、哪些方面尚未达到服务目标、咨询馆员能力如何等，从而在今后进一步改善服务。

但事实上，对参考咨询服务进行评价是很困难的。

首先，参考咨询服务不是物品，尤其不是工业产品，要把握其质量会遇到以下几个方面的问题②：

---

① Clair, Guy St. Entrepreneurial Librarianship. Bowker–Saur, 1996, p86.
② コトラー「コトラーのマーケティングマネジメント」p530，及 Kotler "Principles of Marketing" 8th. ed, p259.

①无形性（intangibility）

服务不同于物品，在购买之前是看不见、闻不着、听不到、感觉不到的。就像在美容院理发一样，顾客刚到店里的时候，不清楚究竟会得到怎样的服务，不像买吹风机，能够感觉到重量，看到形状，通过操作检测其性能。

②不可分性（inseparability）

物品从工厂生产出来到送达消费者手中需要花费一些时日，消费者几乎看不到物品的生产过程。而服务却是生产和消费同时进行的，二者不可分割。提供方与被提供方都会对服务效果产生影响。素质较高的客户，甚至会激发服务者的能力，使其超水平发挥，提供更好的服务。

③变动性（variability）

服务的品质会因提供者不同而发生变化，甚至会受时间、场所、方法的影响。以一所美容院为例，不同的美容师提供服务的质量不可能是毫无差别的。也就是说，不同的美容师肯定会提供不同质量的服务。因此，美容行业里会有"高级美容师"并实行"指名制"。"指名制"是弥补服务不稳定的补救性措施。此外，即使是同一个美容师，因为是人，其状态也有好与不好的时候，不可能每天提供的服务质量都完全一样。因为人不是机器，即使是非常努力，也不可能永远提供质量毫无差别的服务。而工业产品，消费者在购买时就会明了，同一型号的产品基本上都是相同的。

④易逝性（perishability）

服务是无法储存的，它不能像实物一样为销售和使用而保持一定的库存。这给服务提供带来了难题。例如，美容院会在某一时间段非常繁忙，在另一时间段较为闲暇，虽然理论上繁忙时段应增加美容师数量，闲暇时段应减少美容师数量，但实际上却不是那么简单。要在保证服务质量的前提下做好这一点是非常困难的。

因为图书馆参考咨询服务具有"无形性"（intangibility），从未体验过图书馆服务的人可能会强烈地感觉图书馆难以接近，在实际体验之前很难想象图书馆的服务到底是什么样的。因具有"不可分性"（inseparability），图书馆员与用户之间距离（包括时间距离）非常近，服务出现差错时很难立即更正。因具有变动性（variability），经验丰富的员工与新员工提供的服务会有很大差别，容易导致用户对参考咨询服务产生不信任的感觉。易逝性（perishability）决定了经验丰富员工的技能难以像商品那样储存，只能在其力所能及的范围内为用户提供优质服务。

由于以上因素，我们很难对参考咨询服务进行评价，只能从消费者（用户）处获取结果，也就是将消费者是否满意作为一个重要指标。但这个指标提供服务的一方很难预先把握，这给图书馆的经营带来很大的不稳定性。

4.3.3 参考咨询服务效果的测定

JIS标准（X0812）《图书馆性能指标》[1]将咨询答复的准确率作为参考咨询的评价指标。准确率的计算方法为用正确答复咨询的数量除以受理咨询总数再乘以100。需要注意的是，这个指标仅能反映参考咨询服务过程与结果的一个方面，咨询结果的好坏还受到很多其他因素的影响，如："问题的选择"、"馆员的接谈技巧"、"答复咨询时使用的参考资料或数据库的质量"、"资料获取的难易程度"等（请参考本书第3章第3节第1项）。

此外，也有图书馆尝试对服务"过程"而非服务"结果"进行评价，这就是服务质量（SERVQUAL）模型。

如图4-4所示，服务质量（SERVQUAL）模型从5个方面分析服务品质[2]。

表4-4 服务质量（SERVQUAL）模型

状态	说明	图书馆信息服务项目
①有形性 （tangibles）	物理设施、设备、员工的外表	·最新的设备、机器 ·有魅力的建筑、设备
②可靠性 （reliability）	利用可靠手段如约提供服务的能力	·切实解决问题 ·按约定提供服务 ·服务无差错
③反应性 （responsiveness）	有协助用户、迅速提供服务的意识	·积极帮助用户 ·准备随时应对问题的态度 ·服务迅速

---

[1] JISX0812：2007. 図書館パフォーマンス指標. p36.
[2] 佐藤義則，永田治樹. 図書館サービスの品質測定について：SERVQUALの問題を中心に. 日本図書館情報学会誌，2003，vol. 49, no. 1, p1-14.

续表

状态	说明	图书馆信息服务项目
④保障性（assurance）	从业人员的知识素养、礼仪，取得客户信任的能力	·服务总是周到、亲切 ·具有能够问答问题的知识储备 ·在保护隐私方面让用户放心
⑤共鸣性（empathy）	服务周到，想客户之所想	·真诚友好的接待 ·将用户取得成就放在第一位 ·服务方式因人而异 ·能够理解用户的需求

"①有型性（tangibles）"指服务设施与机器等是否新颖、是否吸引人。例如，医院购入最先进的医疗器械意味着其可能提供更优质的医疗服务。图书馆购进最先进的信息服务设备或数据库、电子期刊，也意味着其可提供质量更好的参考咨询服务。给读者留下良好印象的建筑或氛围也能成为提升服务质量的因素。更重要的是当班员工的外表与态度，在这一点上图书馆的形象不是很好，需进一步加以改善（医疗服务中这个问题虽经年未得到解决，但近年来已有很大改进）。

"②可靠性（reliability）"表示用户对服务的信赖程度。但这一点往往需要对同一用户多次提供服务才能得以证明。口碑较好的旅店等住宿设施多将此作为评价要点。一个用户不是仅使用一次、而是反复多次利用参考咨询服务，当出现这种情况时才能说明图书馆的服务具有"可靠性"。

"③反应性（responsiveness）"也就是对待用户的"亲切的心"。参考咨询服务是对人的服务，关于这点无需做更多的说明。

"④保障性（assurance）"是对参考咨询馆员的评价，由礼仪是否得当与专业性是否到位两方面构成。

"⑤共鸣性（empathy）"是从用户的角度出发，将"顾客满意"放在首要位置，这种态度和做法是参考咨询服务不可或缺的。

像这样，从多个角度分析才能对参考咨询服务进行客观评价。

此外，图书馆本身可以以表 4－5 的形式，对自身的服务进行有效的评价。

表 4-5　用于服务推广的核对表

1. 是否向用户展示了本馆目前所提供服务的示意图表
2. 本馆是否将为用户提供恰当服务作为最优先考虑的问题
3. 是否与用户进行了充分的沟通
4. 本馆提供的服务有无出乎用户意料的地方
5. 本馆的图书馆员是否认为在服务过程中出现不利局面其实是让用户对自己产生良好印象的契机
6. 是否经常评估自己的服务在多大程度上满足了用户的要求并加以改进

（本表系根据"フィリップ・コトラー，恩蔵直人監修，月谷真紀訳『コトラーのマーケティング・マネジメント』ピアソン・エデュケーション，2001，p544"制作而成。原资料为：leonard l. berry and a. parasuraman. marketing services：compeling through quality，new york free press，1991，p72-73）

此外，为了更好地进行评价，还应测定服务成本并结合用户满意度进行分析①。

4.4　参考咨询服务的现状与课题

4.4.1　当前参考咨询服务的热点问题

正如本书第 1 章第 2 节第 4 项所述，随着时代的变迁，参考咨询服务变得越来越重要。"未来图书馆研究合作会议"在 2006 年 3 月发布报告《未来图书馆——为地区建设提供信息保障的机构》，将"促进参考咨询服务的完善与利用"列为重点项目，强烈要求图书馆进一步加强参考咨询等信息服务，承担帮助地区及居民解决问题的职责②。因此图书馆不仅要提供图书、期刊，还

---

① 山崎久道. インターネット環境下における企業内情報センターの今後の方向：利用者志向の改革に向けて. 紀要社会学科，2003，no. 13，p143-159.
② これからの図書館のあり方検討協力者会議. これからの図書館像―地域を支える情報拠点をめざして―. 文部科学省.
2006-03. http：//warp. da. ndl. go. jp/info； ndljp/pid/286184/www. mext. go. jp/b_menu/houdou/18/04/06032701/009. pdf，p12-13，（参照 2011-09-09）.

应努力收集包括地方文献、政府文献在内的各种资料，并在此基础上对政府政务、学校教育、商务活动（地方产业）、家庭教育等提供支援，同时在医疗保健、社会福利、法律等领域开展信息服务。

为达成这一目标，图书馆除对文献进行分类、编目外，还要努力开展发布信息型服务，积极进行用户教育。详细情况请参考本书第6章、第7章。

要了解目前参考咨询服务的热点问题，可以分析近十年题目中含有"参考咨询服务"的日语论文（约150篇）。从中我们可以看中，以下几个主题涉及较多。

（1）数字环境中参考咨询服务的状况与实际方法

此类文章，有的论述随着信息资源数字化和电子文件的普及参考咨询服务发生了哪些变化，有的则介绍利用互联网与电子邮件开展"数字参考咨询服务"、"在线参考咨询服务"、"虚拟参考咨询服务"的实际方法。两者均对图书馆服务如何应对信息数字化和互联网普及等前所未有的社会变化进行了严肃认真的探讨。

（2）公共图书馆的参考咨询服务

在可以预见的将来，人们对终身学习的热情高涨，在"解决课题型"图书馆服务中，参考咨询服务将占据核心地位。公共图书馆积极为商务活动提供信息服务的情况越来越多。在这种情况下，参考咨询服务将成为公共图书馆今后的工作重点。

（3）专业图书馆或档案馆（档案馆或企业的档案保管部门）的参考咨询服务

有些论文分析了医疗系统图书馆的参考咨询服务。由于医学与药学不断进步，文献量迅速增加，加之患者提出的信息需求也越来越多，医疗系统图书馆正努力加强参考咨询服务。档案馆开展参考咨询服务也成为大家讨论的话题。

（4）联合参考咨询服务

从部分论文中我们得知，有多个参考咨询服务机构正在进行合作，积累并共享参考咨询服务案例，在信息资源建设上互通有无，高效地开展参考咨询服务。随着参考咨询问题专深化程度的提高，仅凭一个机构的力量已难以应对。如果能够参考其他机构的类似案例，将有利于推动参考咨询工作的开展。尤其对时限紧迫的咨询课题，更广范围内的信息共享使图书馆的应对效率更高。联合参考咨询服务也适合于参考咨询馆员数量较少的机构。详细内容请参考本书第 2 章第 3 节。

（5）参考咨询服务的运营与其在图书馆中的地位

参考咨询服务是图书馆的一项重要工作，但随着互联网的普及，尤其是第 2 章所述的各个机构加强了咨询窗口的力量，提供咨询服务的网站增多，今后参考咨询服务工作的开展将遇到很多难题。图书馆的咨询服务已难以保持此前的垄断地位。因此，如何重视参考咨询服务，应对未来的社会需求，已成为图书馆面临的重要课题。

（6）介绍国外的动向

有不少论文介绍了国外先进经验。那么海外图书馆界关于参考咨询服务都在讨论什么问题呢？

我们从收录图书馆情报学文献的图书馆信息科学与技术文摘数据库（LISTA）中，找出 2010 年以后发表的最新的 50 篇论文进行分析，结果如下：

（1）利用 IT 技术开展的参考咨询服务，虚拟参考咨询服务

这类论文日本国内也发表了不少，但国外论文更多涉及虚拟参考咨询服务。原因在于国外关于互联网时代如何更好开展图书馆服务的问题意识比日本更加强烈。

（2）高校图书馆的参考咨询服务和高等教育中的参考咨询服务

高校图书馆利用互联网开展服务的情况有了很大的变化。比如他们积极开展发布型服务，加强用户教育等。与此相关的详细内容请参考本书第 6 章、第 7 章。

（3）参考咨询服务的评价和数据统计

也有论文试图以客观数据、统计数据等数值指标为基础，评价参考咨询服务的实际业绩与效果。这反映了人们正努力用经营的观点和科学的方法管理参考咨询服务。尤其值得关注的是还有论文谈到了用户满意度问题。

（4）参考咨询服务未来发展方向

在 50 篇论文中，很多都谈到信息数字化与互联网的进一步普及将对参考咨询服务产生更大的影响。这也证明了参考咨询服务将是图书馆未来的工作重点。

综上所述，关于参考咨询服务现状和问题，人们认为有三个方面非常重要：①跟随信息数字化的步伐开展参考咨询服务；②不同类型图书馆开展不同的参

考咨询服务；③用经营的理念进行管理。在日本，人们尤其关心公共图书馆如何开展参考咨询服务。国外则更关注高校图书馆如何开展参考咨询服务。

4.4.2 数字参考咨询服务

本章第 4 节第 1 项介绍的数字参考咨询服务，作为参考咨询服务未来发展方向之一已经取得了进展。在名称的使用上，"数字参考咨询服务"与"虚拟参考咨询服务"这两个词语没有什么区别，其定义如下。

数字参考咨询服务：

指通过互联网提问，再通过互联网答复的参考咨询服务。用户常用电子邮件、即时通讯工具（聊天工具）、网页上的文字输入框提出咨询。答复工作多由图书馆参考咨询部门的专业咨询人员负责，有时也由联合参考咨询系统成员馆的工作人员完成。同义词有：聊天式参考咨询服务、e 参考咨询服务、在线参考咨询服务、即时参考咨询服务、虚拟参考咨询服务（ODLIS[①]definition of Digital Reference）。

虚拟参考咨询服务：

利用数字化手段随时进行的即时参考咨询服务。用户使用电脑或其他网络技术，与在他处的参考咨询服务当班人员进行交流。交流的方法包括：聊天工具、电视会议、IP 电话、cobrowsing[②]、电子邮件、即时通讯工具等。（RUSA［Reference and User Services Association］guidelines for implementing and maintaining virtual reference services，2004[③]）

这两个定义有以下共同点：

①针对非到馆用户的服务

②使用互联网和与此相关的信息技术

③使用即时通讯方式开展服务

目前关于数字参考咨询服务已出台了多项指南，同时还有多个机构正在

---

① ODLIS：Online Dictionary for Library and Information. http：//www.abc-clio.com/ODLIS/odlis_d.aspx，（参照 2011-08-16）.

② 很多人同时浏览一个网页。

③ Guidelines for Implementing and Maintaining Virtual Reference Services. Reference and User Services Association. http：//www.ala.org/ala/mgrps/divs/rusa/resources/guidelines/virtrefguidelines.cfm，（参照 2011-08-16）.

开展研究，专用软件也正在开发过程中。

可以想见，无论是数字参考咨询服务，还是虚拟参考咨询服务，都是互联网时代参考咨询服务的核心课题，会与互联网技术同步发展，是我们今后关注的重点。

4.4.3 参考咨询服务的发展方向

要对参考咨询服务今后的发展提出一般性的、适用于所有类型图书馆的论点是非常困难的。如果针对图书馆类型而论，某种程度上又会变成具体的展望。下面我们讨论对参考咨询服务投入巨大的专业图书馆的情况。

关于专业图书馆参考咨询服务未来发展方向，stephen abram 认为："如果我们仅仅安于现状，什么也不做，那我们就会成为井底之蛙。等意识到了却为时已晚，我们已经跳不起来了"[1]。这句话是在暗示说：专业图书馆所处外部环境发展迅猛，技术和社会都在发生急剧变化，如果还是漫不经心地继续保持以前的服务模式，终将会被社会所淘汰。

此外，艾布拉姆（Stephen Abram）从八个方面描绘了专业图书馆未来的发展方向：

（1）专业图书馆馆员"化石化"

图书馆员什么也不做，全部使用网络检索。

（2）实现"知识课堂"[2]

与信息提供者合作，统一提供信息资源。

（3）实现"终身学习课堂"[3]

借助参考咨询服务全面开展信息素养教育。

（4）每个图书馆员都参与服务

充分利用服务团队中每一名图书馆员的专业知识为用户提供帮助。

---

[1] Stephen Abram. The Future of Reference in Special Libraries Is What Information Pros Can Make It. Information Outlook. 2007, vol. 11, lss. 10, p35 – 37.

[2] 统一向用户提供包括印刷媒体、电子信息资源、各种图书馆服务等在内的服务系统。详情请参考以下文献：永田治樹. 大学図書館の新しい「場」：インフォメーション・コモンズとラーニング・コモンズ. 名古屋大学附属図書館研究年報. 2008, no. 7, p3 – 14. http://libst.nul.nagoya – n.ac.jp/pdf/annals_ 07_ 02. pdf, （参照 2012 – 02 – 21）

[3] 与"知识课堂"将重点放在"传达知识"上不同，"终身学习课堂"是对用户的自主学习提供帮助的服务体系。

（5）图书馆员灵活使用 IT 技术

使用博客等新媒体开展信息服务。

（6）随时随地开展信息素养教育

赋予图书馆员"信息教育工作者"这一新角色。

（7）活跃的"化身"

在虚拟的网络世界内，用化名（自己在网络上的化身）登录并回答问题。

（8）图书馆员应对紧急情况

在军事、医疗、灾害、事故等中提供信息服务，突显图书馆员的重要作用。

这八条除"（1）什么也不做"以外，其余可同时并行。我们从中可以得到以下启发：

①合作

专业图书馆员应该与其他的信息机构或信息服务从业者合作，开创崭新的服务模式。与用户合作，开发类似于 CGM（consumer generated media）① 的由用户主导的 IT 使用模式。

②信息素养

要超越单纯的图书馆服务范畴，灵活利用自身的能力与知识，发挥作为信息专家的优势，开展信息素养教育。这不仅能促使图书馆员切实掌握相关知识，还有利于提高图书馆的社会声望。最起码在表面上，"老师"比"助手"更容易得到社会的尊敬。

③技术专家（高级技术职务人才）

IT 或 ICT 需要熟练使用才能显现其价值。只有那些能从技术角度探讨信息哲学的人才，才能够应对今后所面临的难题。

这样看来，要达成 Stephen Abram 所描绘的充满活力的图书馆，需要这样的人才：他们不仅熟悉图书馆业务，还拥有精深的专业知识和技能，视野宽广，能为人们收集利用信息提供有效帮助，能对组织的经营管理或计划的执行提供信息层面的保障。

以上论述不仅适用于专业图书馆，也适用于其他类型图书馆。

---

① 消费者主要通过互联网发送信息的媒体。请参考以下文献：利用者主導型のIT利用環境に関する調査研究報告書：企業のIT，CGM利活用の現状．（財）日本情報処理開発協会，2009，p290．

第 5 章　何谓信息检索

　　信息检索是人们基于某种目的进行智力活动时必不可少的行为之一。信息检索是英语"information retrieval（IR）"的译语，指从事先储存的信息集合中抽取出某些符合特定条件的信息。但事实上，"信息检索"最准确的英语翻译应是"information storage and retrieval"，是以信息的存储为前提的。正如"retrieval"这个英语单词的接头词"re"所显示的，意味着再次利用事先储存的信息。"information retrieval"这个词在 1950 年首次由莫尔斯（Calvin N. Mooers）定义，1960 年开始被广泛使用。

　　再看日语中的"检索"一词，"检索"的"检"是"检查"的"检"，是"查找"输入的检索词或字符串是否和储存信息一致。"索"是"索引"的"索"，正如"牵引出东西的绳索"所表示的，有"牵引"的意思。以文字为中心的信息检索，是以输入的检索词为对象，搜索数据库中与其一致的词语，如果判定一致则提取出来。也就是说，判定是否与输入的检索词及字符串一致是信息检索的基础。现在的信息检索虽然以字符串一致为主流，但利用同义词辞典和人工智能系统，也出现了与输入字符串不完全一致的概念检索的检索方法。不过即使是现在，利用电脑处理需要人脑灵活进行判断的信息还是很难。

　　在提到信息检索的时候，英语"search"这个词也经常被用到。在查找或寻找参考图书时，常被译作"探索"，单指数据库检索时，通常被视为与"retrieval"同义。

5.1　信息检索的种类

5.1.1　人工检索与计算机检索

　　1）人工检索

　　人工检索是指利用参考书籍或者二次文献（收录二次信息的书目、目录、题录、索引期刊、摘录期刊）等印刷资料进行人工检索。直到机器检索普及的上个世纪70年代后半期，由于日本图书馆还尚未使用数据库，所以必须利用二次文献进行人工检索。

目前，各种参考书或二次文献如百科辞典或各类其他辞典大多数已被数字化，以数据库的形式提供服务，所以计算机检索已成为主流。但即使到现在，也并不是所有的资料都被制作成了数据库，在提供参考咨询服务时，必须使用印刷文献的情况仍然很多。

人工检索是以资料的目录、索引、标题等为线索进行检索，需要花费很多时间，但优势是能进行人工判断。比如，在提供参考咨询服务时，遇到要检索不知道拼写方式的外国人姓名的情况，用计算机就不可能立刻检索出来。

2）计算机检索

计算机检索是指将信息数字化、制作成数据库或数字内容，并利用电脑对必要的信息进行检索。根据信息被储存的介质，可以分为光盘检索和互联网检索。由于数据库或数字内容可以由多媒体信息构成，所以计算机检索还能对印刷物不能处理的音频和视频资料等进行检索。

（1）光盘检索　光盘检索是指在局域网环境中，利用电脑或者 CD - CHANGER 等，对 CD - ROM 或者 DVD 等信息载体组成的数据库进行检索。在图书馆，很多时候都以光盘数据库的形式提供报纸报道、百科全书、字典、词典、企业信息、图书等的信息服务。由于这些数据库的信息在制作时就已固定，所以和互联网中的网页不同，信息不能更新。如此一来，要更新数据只有频繁地制作 CD，所以很难及时收录最新的信息。

（2）互联网检索　互联网上存在着各种各样的信息，通过网络对这些信息进行检索叫做互联网检索。在互联网检索中，各种信息依据能否被搜索引擎检索而大有不同。

使用 Google 或者 Yahoo! JAPAN 这些搜索引擎时，可以在网页的搜索栏输入检索词检索，或按类别进行浏览。例如，如果要寻找日本近代文学相关的内容，可以考虑利用国文学研究资料馆提供的国文学论文目录数据库。在这种情况下，必须按照数据库提供的检索项目和检索方式来检索，而不能使用搜索引擎。

目前，很多网页都能免费检索，但也存在一些收费检索网站。在使用收费网站的时候，需要从数据库制作机构或各种数据库提供机构的网页上，用用户 ID 和密码登录。互联网检索由于能够灵活利用网页之间的链接，所以不同于互联网普及之前的在线检索法，具有极大的便利性。

关于互联网检索，会在本书第 5 章第 7 节有详细的论述。

5.1.2　追溯检索与查新检索

对于数据库收录的信息，根据信息的收录时间跨度划分，可以分为追溯检索与查新检索两种方法。

1）追溯检索

追溯检索（retrospective search）是指围绕某一特定主题，从现在对过去进行回溯检索。追溯检索需要从某一个时间节点追溯过去的数年。在商业数据库中，信息能够回溯到什么程度受到资料收录年数的限制。另一方面，由于在网站上公开的数字内容会被网站制作者随时更改，所以能够检索到最新的信息。但需要注意的是，网页的内容也有可能一直没有更新，或突然被删除。

2）查新检索

查新检索意味着能够检索最新的信息。查新检索（current awareness search）能够获悉最新的信息或某件事物的现状。利用查新检索法提供最新的信息服务被称为新知通报服务。图书馆经常将新到图书制作成一览清单提供给读者使用，或者提供新到期刊目录（内容）服务，这些都是新知通报服务的种类。

在信息检索中，具有代表性的新知通报服务是 SDI（selective dissemination of information），翻译为"选择性信息提供"。商业数据库可以用来进行 SDI 服务。在 SDI 服务的时候，为了能够随时接收某一关注主题的最新信息，可以事先在电脑中输入与检索主题相关的检索式。这样一来，每当数据库追加最新信息的时候（数据库更新点），检索式就会自动运行，将检索结果发送到用户的邮箱中。这个事先被输入的检索式叫做"（配置）profile"。因此，只要在 SDI 中输入恰当的检索式，就能定期获得最新的信息。

对于互联网上的信息，可以在有网络的条件下利用 RSS 接收软件（RSS 阅读器）接收 RSS（RDF Site Summary，Rich Site Summary，Really Simple Syndication）格式的文件，在手机或者电脑上自由阅览最新信息。图书馆也经常通过 RSS 开展新到期刊或图书的信息发送服务。

5.1.3 书目信息检索与事实检索

根据检索对象是文献信息，还是数值事实或图像等事实信息，可将信息检索分为书目信息检索和事实检索。图书馆最常处理的信息内容是图书、期刊论文、报纸报道等文献信息。对这些书目数据或与正文概要相关的文字信息进行检索被称为书目信息检索。也就是说，书目信息检索主要是检索文献的书目、关键词、摘要、馆藏地等相关的参考咨询数据库，以获得原始文献。

事实检索也称为事实型检索。例如，直接检索股票、汇票、统计数据等数值信息，或照片、设计图等图像信息，甚至电视新闻、音乐会等视频，这些均为事实检索。随着电子期刊的普及和越来越多的文献被数字化，期刊论文、新闻报道等作为全文数据库，在分类的时候也被认为是事实数据库。但是，从它们也属于与文献相关的信息这点来看，也可以认为是文献检索。

虽然信息检索的发展是以文献检索为中心，随着新信息储存介质不断出现，收录多媒体信息的数据库所占比例也逐渐增大。在互联网日益发达的社会环境下，信息检索的重心将逐步从文献检索过渡到包含事实检索在内的多媒体检索。

5.1.4 自然语言检索与受控语言检索

在实际检索过程中，如需检索人名、公司名，输入固有名词检索即可。但很多时候需要检索某一件事情，必须用关键词进行检索。直接使用日常用语检索的方法被称为自然语言（free term）检索。自然语言检索的优势是可以使用随意想到的任何词进行检索，但是为了不漏掉必要的信息，有必要使用尽可能多的词语作为检索词。

换言之，如果忽略了以下几点，很可能会遗漏掉重要信息。

①同义词［例如：书、读物、书籍、图书、book 等］

②同一词语的不同写法［例如："デジタル"和"ディジタル"，"タンパク質"和"蛋白質"等①］

③缩略语和完整表达［例如：bse 和牛脑海绵状病、jis 与日本工业标准

---

① 在日语中，"デジタル"和"ディジタル"意为"数字"，"タンパク質"和"蛋白質"意为"蛋白质"，两组为同义词，区别在于单词拼写方法不同。—译者注

等］

④日语和英语［例如：图书馆、ライブラリー①、library 等］

⑤表达同一意思的不同词语［例如：日本、我国等］

检索的时候如果逐一考虑这些情况会非常繁琐，为避免这种繁琐，防止检索词遗漏，就出现了受控语言检索。使用参考主题词表或者叙词表中的规范词语进行检索称为受控语言检索。例如，"书"、"读物"、"书籍"、"图书"、"book"虽然都为同义词，在用自然语言检索时，如果不逐一输入这些词语，很容易产生遗漏，因为计算机检索的本质就是字符串一致检索，而非概念检索。

在数据库加工阶段，应参考主题词表或者叙词表确定检索词。比如，如果将"图书"作为索引词，在这个数据库中以"图书"为检索词进行检索，即使原始文献使用"书"、"读物"、"书籍"等不同的表达方式，检索结果也不会有遗漏。这种使用主题词进行的检索称为受控语言检索。用受控语言检索时，用上位词（外延更广泛的主题词）检索，同时能检索出下位词（内涵更窄的主题词），有利于减少漏检情况的发生。

关于叙词和数据库索引的编制工作，将在本章的第 6 节做详细论述。

5.1.5　倒排文档检索与全文检索

1）倒排索引检索

在 20 世纪 50 年代末期，出现了一种能高速处理数据库的方法。这种方法需要事先制作好倒排文档（inverted file），即索引文件。商业信息检索系统基本上都采用这个方法，除此之外，很多搜索引擎也使用了倒排文档检索，以便快速显示检索结果。

正如图 5-1 所示，使用这种检索方法，输入检索词后系统就会自动搜寻事先内置在计算机内的倒排文档，一旦检索词符合倒排文件的内容，就能立即显示出记录编号和命中的件数。倒排文档也称为倒向文件、反向文件，意思是不依据记录编号而是根据检索词逆向寻找信息，与接下来要说的顺排文件相比是倒置的文件，所以有这样的名称。

数据库储存信息的时间越长，倒排文档越大。在文献数据库中，往往会

---

① "ライブラリー"为英语"图书馆"的音译拼写单词。—译者注

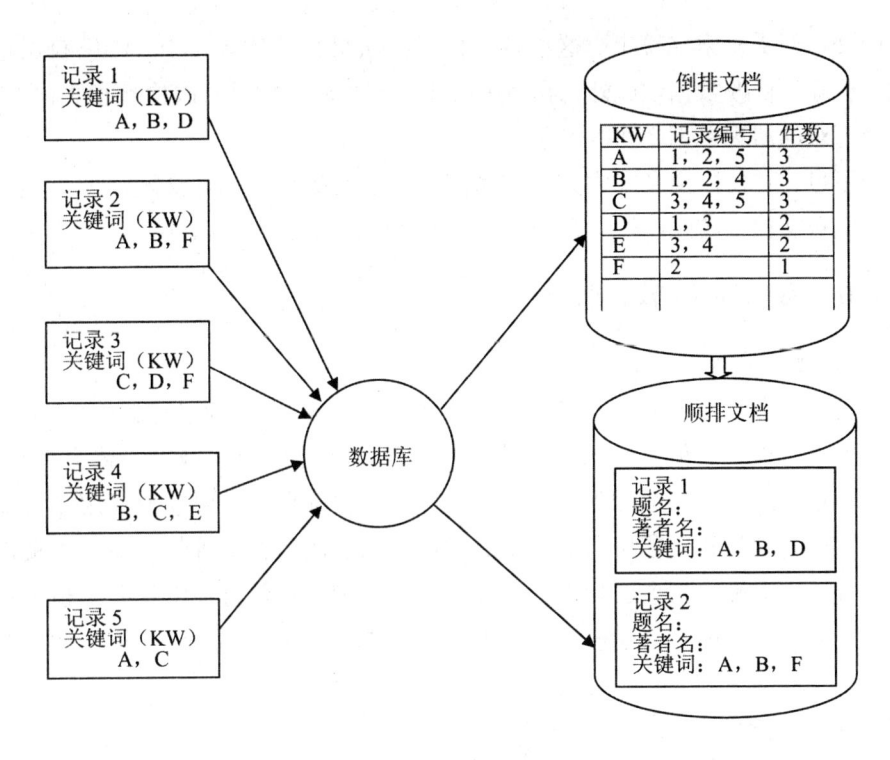

图 5-1　倒排文档与顺序文档

依据能反映主题内容的关键词、著者名、著者所属机构名、期刊名分别准备倒排文档。

顺排文件（sequential file）也称为串行文件、序列文件、线性文件。如图 5-1 所示，这种文件是根据数据库收录的记录单位依次输入的，主要用于输出结果或对检索结果进行二次检索。通常情况下，针对倒排文档出来的结果，输入结果输出命令，就会以倒排文档的记录编号对照顺排文件相应的编号，在计算机上屏幕上逐一显示各项记录的内容，也就是检索结果。

在检索的时候，如果直接使用顺排文件，由于会依次检索记录编号，所以非常耗费时间。因此为了快速向检索者呈现检索结果，一般会使用倒排文档检索。

2) 全文检索

由于现在计算机的运行速度飞速提高，出现了很多不制作倒排文件，直接检索顺排文件的检索系统和搜索引擎。这种方法能按顺序从数据库或者网页的文本开头检索字符串。这种依次检索方法最大的优势在于，能够自由追加、删除、修改数据。此外，在命中一个单词之后，如果再次检索相关词语，还能直观的展现单词之间的关系。

不过，在使用全文检索方法的系统中，也有提前处理好文本，即事先制作好倒排文档，与顺序检索方法一起使用的检索系统。

5.1.6 概念检索与联想检索

1）概念检索

概念检索是指不按字符串是否一致来显示检索结果，而是按词语的概念和意思进行检索。但是，现在的检索系统基本上是以与字符串一致为基础，为了防止遗漏，必须考虑到同义词、近义词、关联词等。要求普通用户在输入检索词时没有遗漏是几乎不可能的事情。除了图书馆员等信息专业人员以外，普通人很难使用主题词表或者叙词表。目前，在信息检索系统中植入主题词语以自动实现概念检索的研究正在进行中，在普通同义词和近义词检索方面已经取得了可喜成果。

2）联想检索

联想检索使用的是具有联想计算功能的系统，如 geta 软件等。联想检索的基本原理是从用户选择的文件集合中抽取出某些词语，按这些词语的出现频率计算单词间的相似度，以此为基础进行检索。根据检索者所输入文章的相似性进行检索，是这一方法的特点。联想检索除了能使用常见的关键词检索法，还能够输入自然文章，可以完全不用本章第 3 节论述的逻辑运算符。

使用这种方法检索后，不仅会显示检索结果，还会提供相关词语清单，人们可以用这些相关词语再进行二次检索。运用联想检索的实例有国立情报学研究所（nii）提供的"webcat plus"、"新书 map"，神保町的"book town"、"千夜千册"、"文化遗产在线"，国立国会图书馆的数字存储门户"porta"等。

5.2 信息检索的流程

图书馆员接受用户的委托检索，首先要确认用户的信息需求、答复截止时间以及所需预算。图书馆员需要准备一张如图 5-2 所示的信息检索申请单，与用户进行会谈，做好充分的沟通。委托者已经掌握的信息，包括从互联网获得的信息，都有可能成为之后检索的线索。因此，在接受委托的阶段，确认已知信息是非常重要的。

信息检索申请单

No.			接受日期：　年　月　日
姓名：		单位：	电话号码： E-mail：
检索题目（请尽量详细）：			
同义词、关联词：		已知文献：	
检索结果：　重视网罗性　重视切合度		希望获取文献数：　件　预算：　日元	
检索时间：　　年~　　年		语言：全部　日语　英语　其他（　）	
信息检索系统（搜索引擎）与数据库名称： 1、网络检索（Google　Yahoo!　Bing　[　]　[　]） 2、光盘检索　（　　）（　　） 　　　　　　　（　　）（　　） 3、商用数据库　日经テレコン21　　（　　　　） 　　　　　　　NICHIGAI/WEB　　　（　　　　） 　　　　　　　JapanKnowledge　　（　　　　） 　　　　　　　JDream Ⅱ　　　　　（　　　　） 　　　　　　　其他　　　　　　　（　　　　）			
检索式：			
检索时间：　　分	收费金额：　　日元		完成时间：　年　月　日
备注：			检索结果的提交方法： 1.当面提交　3.FAX 2.邮寄　　　4.E-mail
检索日期：	检索者：		接待者：

图 5-2　信息检索申请单

信息检索的流程如图5-3所示，最主要的部分是从接受信息委托到将检索结果传递给委托者。但是，图书馆员还需要将检索题目、检索词、检索式、检索结果保存下来，以在将来接到相同主题的检索委托时参考使用。可以利用数据库软件对其进行管理。

信息检索的流程分为以下5个阶段：

①**受理委托与接洽**　在图5-2所示的信息检索申请书中，双横线以上的部分尽量请委托人填写，双横线以下的部分由接受委托的咨询馆员在完成检索后填写。在填写检索题目时应尽量做到：(i)尽可详细填写；(ii)不使用缩写尽量拼写完整；(iii)尽可能多的填写同义词和关联词，以帮助检索；(iv)务必询问委托人已经掌握的信息等等。

②**分析检索题目的主题和确定检索方针**　在与委托者会谈之后，图书馆员需要分析检索题目的主题，确定适合的检索方法和检索词。如果要使用收费数据库进行检索，需要根据检索题目选择最适合的数据库和检索系统。

选择数据库需要访问数据库制作机构、提供机构、代理商等的网站，根据各个系统提供的数据库内容目录来综合决定。使用搜索引擎进行检索时，即使是输入同一个检索词，不同的搜索引擎显示的结果和排序也是不一样的，所以有必要选择多个搜索引擎。

如果检索词能够使用主题词，最好查找主题词表进行确认，同时再使用自然语言检索。利用网络检索要同时考虑同义、近义词、缩略语等情况，在确定检索词之后再写检索式。最好能事先确定好检索方针，比如：检索结果件数过多时如何进行二次检索，检索结果过少时如何进行扩展，在检索的过程中如何根据结果随机应变等。

③**检索的实行**　将已确定的检索词和检索式输入下拉框（检索框），或者检索页面的检索项目（字段）框，视实际情况进行检索。确认检索结果，判断是否需要继续检索。

为了得到全面准确的检索结果，必要时需要调整检索方法，重新确定检索词和检索式。确认检索结果，查看是否漏掉了重要信息，注意检索是否有疏漏。如果没有找到适合的信息，应该再次进行检索，确认是否确实不存在相关信息。

检索结果为零也是一项重要信息，在专利查新的时候尤其具有重要意义。网络检索不能像印刷物检索那样，将所有的相关资料过目一遍，但还是有必要全方位检查检索结果是否的确为零。

④整理检索结果和提供信息　在提交检索结果时,需要根据委托人的要求对检索结果加以整理,以方便委托人使用。务必撰写报告书,并与检索结果一同提供给委托人。

⑤检索结果的保存和管理　图书馆员需要预测是否会再次接受相同或类似主题的委托检索,利用数据库管理和保存自己处理过的检索题目、检索词和检索式。

3. 信息检索的理论

计算机检索的基础在于逻辑运算。从数据库的所有信息中检索输入的检索词,再使用逻辑与、逻辑或、逻辑非的概念,进行扩展或缩小,对必要的信息进行检索。只用一个词进行一次检索的做法太过单纯,一般不采用这种方式。事实上,即使得到数万件检索结果,要把所有的检索结果都看一遍也是不现实的。因此,最常用的检索方法是把几个检索词组合起来,穷尽搜索所需要的信息。

5.3.1　三种逻辑运算和逻辑运算式

如图5-4所示,两个以上的检索词组合起来的逻辑运算方法有三种:逻辑与(AND检索)、逻辑或(OR检索)、逻辑非(NOT检索)。在很多检索系统中,"逻辑与"用"AND"表示、"逻辑或"用"OR"表示、"逻辑非"用"NOT"表示。这些运算符被称为"逻辑运算符"。在输入的时候,逻辑运算符通常不区分大小写。

①逻辑与　"逻辑与"指既包含A检索词所涵盖的信息集合,又包含B检索词涵盖的信息集合,又被称为"AND检索"。例如,以"高中学校计算机教育"为主题进行检索的时候,设定检索词A为"高校"①,检索词B为"コンピュータ教育",检索命中的结果为这两个检索词共同所有的部分,即图5-4中"逻辑与"中黑色的部分。在这种情况下,假如检索词为"高校AND コンピュータ AND 教育",检索结果是三个检索词都包含的内容。"逻

---

①　日语"高校"意为高中学校。—译者注

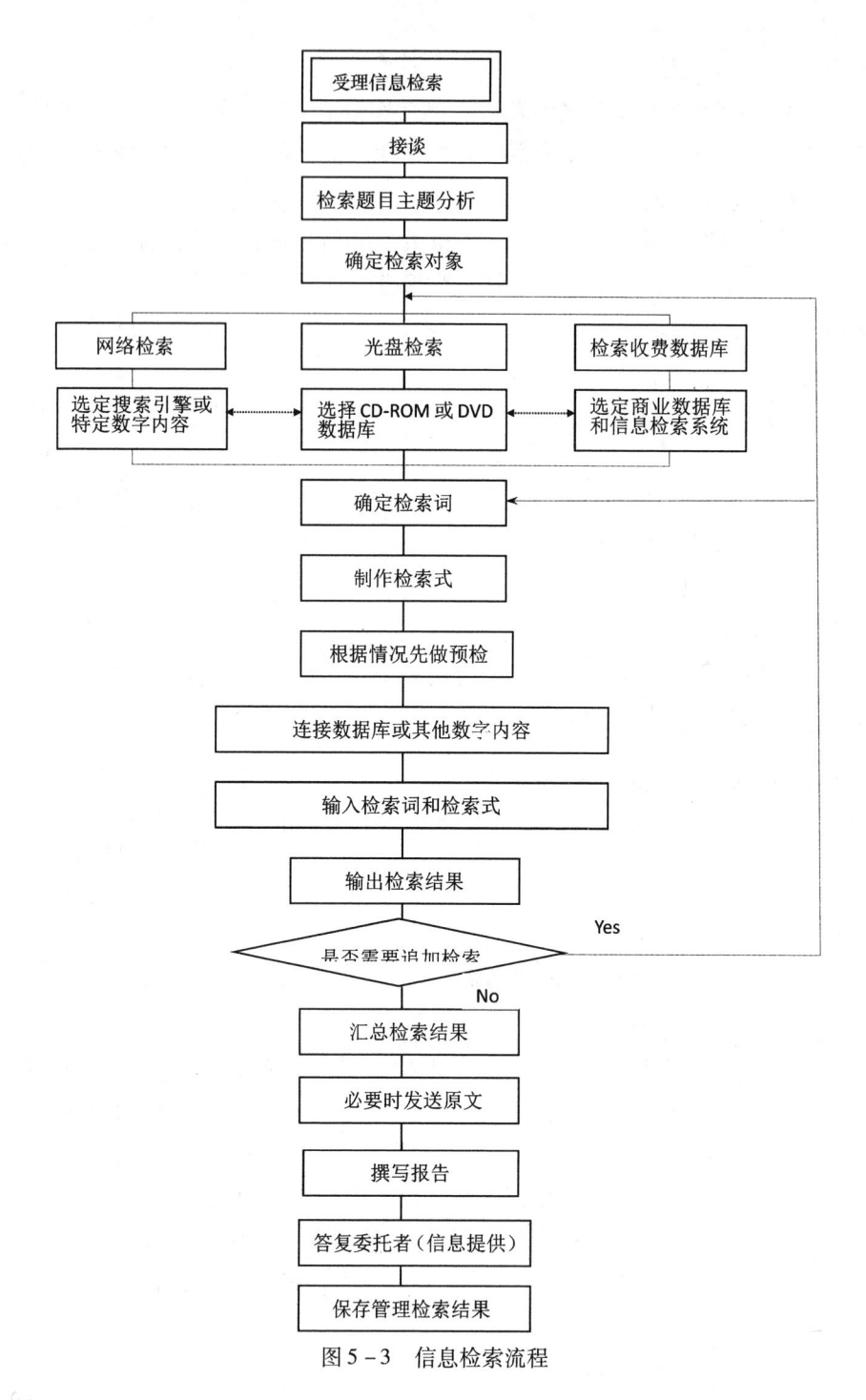

```
                      ┌──────────────┐
                      │  受理信息检索  │
                      └──────┬───────┘
                             │
                      ┌──────▼───────┐
                      │     接谈      │
                      └──────┬───────┘
                             │
                      ┌──────▼───────┐
                      │ 检索题目主题分析│
                      └──────┬───────┘
                             │
                      ┌──────▼───────┐
                      │  确定检索对象  │◄──────────────┐
                      └──────┬───────┘               │
                             │                       │
   ┌──────────┐       ┌──────▼───────┐    ┌──────────┐│
   │  网络检索 │       │   光盘检索    │    │检索收费数据库││
   └────┬─────┘       └──────┬───────┘    └────┬─────┘│
        │                    │                 │      │
   ┌────▼──────┐    ┌────────▼────────┐  ┌────▼──────┐│
   │选定搜索引擎或│◄──►│选择 CD-ROM 或 DVD│◄►│选定商业数据库││
   │特定数字内容 │    │    数据库       │  │和信息检索系统││
   └────┬──────┘    └────────┬────────┘  └────┬──────┘│
        └────────────────────┼─────────────────┘      │
                             │                       │
                      ┌──────▼───────┐               │
                      │  确定检索词   │◄──────────────┤
                      └──────┬───────┘               │
                             │                       │
                      ┌──────▼───────┐               │
                      │  制作检索式   │               │
                      └──────┬───────┘               │
                             │                       │
                      ┌──────▼───────┐               │
                      │根据情况先做预检│               │
                      └──────┬───────┘               │
                             │                       │
                 ┌───────────▼─────────────┐         │
                 │ 连接数据库或其他数字内容   │         │
                 └───────────┬─────────────┘         │
                             │                       │
                      ┌──────▼────────┐              │
                      │输入检索词和检索式│              │
                      └──────┬────────┘              │
                             │                       │
                      ┌──────▼───────┐               │
                      │  输出检索结果  │               │
                      └──────┬───────┘               │
                             │              Yes      │
                         ◇───▼───◇──────────────────┘
                        ╱是否需要追加╲
                        ╲   检索    ╱
                         ◇───┬───◇
                             │ No
                      ┌──────▼───────┐
                      │  汇总检索结果  │
                      └──────┬───────┘
                             │
                      ┌──────▼───────┐
                      │必要时发送原文 │
                      └──────┬───────┘
                             │
                      ┌──────▼───────┐
                      │   撰写报告    │
                      └──────┬───────┘
                             │
                      ┌──────▼──────────┐
                      │答复委托者(信息提供)│
                      └──────┬──────────┘
                             │
                      ┌──────▼───────┐
                      │保存管理检索结果│
                      └──────────────┘
```

图 5-3 信息检索流程

```
          逻辑与              逻辑或              逻辑非
```

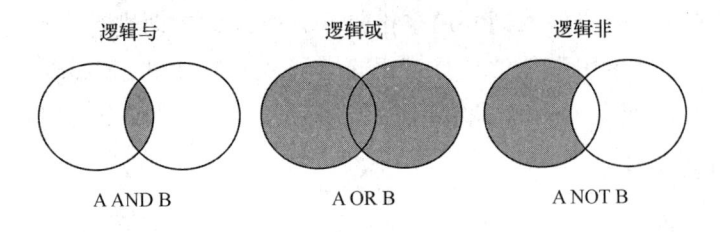

         A AND B   A OR B   A NOT B

图 5-4 逻辑运算的种类

辑与"可以通过在检索词之间加上"AND",来实现对信息的全面检索。

②逻辑或 "逻辑或"指包含 A 检索词所涵盖的信息,或包含 B 检索词所涵盖的信息,又被称为"OR 检索"。假设在上述的检索例子中,A 检索词为"高校",B 检索词为"高等学校",如果输入"高校 OR 高等学校"①,检索结果会显示这两个检索词各自所有的部分,以及重合的部分。再假如要检索"计算机"这个词,可以输入"コンピュータ OR コンピューター OR 計算機 OR 電算機"②。像这样,如果输入多个同义词或运算符,就会检索这个集合整体所表达的内容。正如以上例子所显示的,在运用逻辑或方法进行检索的时候,可以将同义词以"OR"连接起来,以扩大检索对象,减少遗漏。

③逻辑非 "逻辑非"指从 A 检索词所涵盖的信息中除去 B 检索词所涵盖的信息,又称为"NOT 检索"。在这种情况下,A 检索词与 B 检索词共同拥有的检索结果被剔除在外。比如,如果以"从原田智子写的文章中去除与山崎久道合著的论文"为主题进行检索,输入"原田智子 NOT 山崎久道"的话,就能在"原田智子"的著作集合中除去"山崎久道"这个检索词的集合,换言之,原田智子与山崎久道合著的论文就被去除了。

用关键词检索时,如果运用 NOT 检索,对两个检索词进行比较研究的文献会被排除在外,对检索词进行详细记述的文献也有被遗漏的可能。用语言或者著者名检索时,NOT 检索非常有效,但在使用关键词检索时应慎用 NOT 检索。

用搜索引擎进行检索也可以使用以上逻辑运算方法。如果只有一个检索

---

① 日语"高校"、"高等学校"均指高中学校。—译者注
② 日语"コンピュータ"、"コンピューター"、"計算機"、"電算機"均指"电脑"、"电子计算机"。—译者注

框，在其中输入多个检索词并用空格隔开，通常会自动进行 AND 检索。当然，也有一些搜索引擎能够选择逻辑运算符检索，比如：Google 的"search option"页面、或在 Yahoo! JAPAN 选择"指定条件检索"，就可以看到能进行逻辑运算的搜索框。

5.3.2 截词检索

信息检索的本质是与所输入检索词的字符串完全一致的完全匹配检索。但是，比如在想检索所有含有"网络"的词语时，检索者可能会想起"网络系统"、"网络社会"、"信息网络"、"计算机网络"等词语，如果一个一个的输入检索会花费大量的精力，且要毫无遗漏地考虑到所有含有"网络"的词语几乎是不可能的。在这个时候，将词语的一部分以任意符号进行替换的截词检索法会非常有效。

截断（truncation）是指切断圆锥等的尖端部分。截词检索是指：在输入关键词或者检索词检索信息时，指定词语的某部分可以为任意文字。使用截词检索能够把含有某个字符串的语言全部检索出来。截词检索分以下 4 种类型，根据信息检索系统不同，有的能全部实现 4 种类型的检索，有的则不能。此外，有的系统还能同时进行前方一致检索和中间任意检索。

输入搜索框的任意符号叫做隐藏文字（mask）或者通配符。マスク（mask）有隐藏的意思。信息检索系统中的通配符有"？"、"！"、"＄"、"＊"以及"＠"等符号。因为每个符号代表的意思不同，所以必须在使用的时候确认每个信息检索系统通配符的意思。如果信息检索系统默认（计算机预先设定的状态）为前方一致检索，就不能实现完全匹配检索。

截词检索分为以下 4 个种类：

①前方一致检索　前方一致检索是指将检索词的末尾指定为任意文字。在光盘检索或者商用数据库检索中，大部分信息检索系统都能实现前方一致检索。比如，截词符"？"可以代表 0 以上任意位数的文字，输入"信息？"，检索结果中将会出现含有"信息"、"信息检索"、"信息检索系统"等词语的记录。

②后方一致检索　后方一致检索是指将检索词的前方设置为任意文字。如：输入"？信息"，检索结果将会出现含有"信息"、"安全信息"、"专利信息"等词语的记录。

③中间任意检索　中间任意检索是指将检索词的中间指定为任意文字。如：输入"信息？系统"，会检索出含有"信息系统"、"信息管理系统"、"信息检索系统"等词语的记录。此外，在检索词为英语的情况下，如：输入"WOM？N"，就会同时检索单数和复数的"WOMAN"、"WOMEN"。

④中间一致检索　中间一致检索是指检索词的两侧指定为任意文字的检索。中间一致检索也被称为部分一致检索。例如，输入"？信息？"，会检索出含有"信息"、"信息系统"、"交通信息"、"交通信息系统"等的记录。也就是说，中间一致检索会既有前方一致检索的结果，又会有后方一致检索的结果。在搜索引擎中，即使不使用截词符，也会对输入的检索词进行中间一致检索。

如上所述，使用截词检索能有效防止漏检。但一般来说，如果输入三个字的缩略语，很有可能会产生误检（noise，指与检索主题毫无关系的、不需要的信息），所以这种情况最好使用完全匹配检索，而不要使用截词检索。

此外，需要注意的是，在检索词语为日语的前提下，以上所述截词检索的情况会因为信息检索系统词典制作方式、所用书写间隔软件的不同而有所不同。

5.4　检索结果的评价

在检索结束之后，检查是否对所需要的信息进行了恰当的检索、是否存在漏检或误检等是非常重要的。漏检是指客观上需要检索出来而事实上漏掉了的信息，与数据库中是否存在这些信息没有关系。与此相反，误检是指被检索出来却不需要的信息。实际上，很多检索都需要修改检索词或检索式再次进行检索，如：追加或修改输入的检索词以补全遗漏，重新评估截词检索的方法以减少误检等。

检索结果的评价标准有：调查用户满意度、计算查全率与查准率等。

5.4.1　用户满意度

如果图书馆员为用户代查代检，则用户的满意度是一个非常重要的评价标准。这个标准虽然是一个比较主观的尺度，但可以通过它了解咨询馆员是否提供了让用户满意的信息。从这个意义上看，对提供信息服务的一方来说，用户满意度是一个非常重要的要素。用户满意度可以以检索结果为基础,采用调查问卷或访谈的方式来获得。满意度越高,说明委托人越信赖检索者,今后越有可能成为老客户。

5.4.2 查全率与查准率

查全率(recall ration)是表示检索到的信息与数据库中符合要求(题目)的信息的比率,是一个能表示漏检情况的指标。

查准率(precision ration)以前也叫做命中率(relevance ration),指在实际检索出来的全部信息中符合要求的信息所占比率,是个能表示误检情况的指标。查准率可以根据实际检索结果计算出来,但查全率需要调查数据库中所有适合的信息,而这几乎是不可能的,因此通常也无法准确掌握。查全率与查准率的关系如图 5-5 所示。

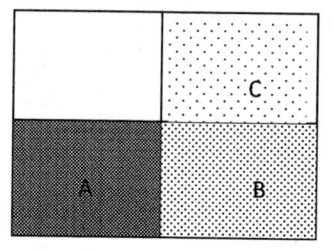

$$查全率 \quad R = \frac{B}{A+B} \times 100\%$$

$$查全率 \quad R = \frac{B}{C+B} \times 100\%$$

A+B:符合检索要求的所有信息

C+B:检索到的所有信息

A:漏检的信息(无论是否为所需信息,未检索到的信息)

B:检索到的信息

C:误检信息(与检索题目不一致、不需要的信息)

图 5-5 查全率与查准率

比如,如果检索出了 10 种符合主题的文献,查准率为(10/10)×100% = 100%。这个时候,如果数据库共有 100 篇适合的文献,那么查全率为(10/100)×100% = 10%,剩余的 90% 都为漏检。在这个例子中,虽然查准率为 100%,但必要信息漏掉了 90%,这样的检索不算成功。

最理想的情况是查全率和查准率都比较高。但在实际检索中,往往都像图 5-6 所示,如果竖线向左移动表示查全率高的话,查全率信息噪声会越多，查全率越高查准率会越低。同样，如果竖线向右移动查准率上升的话，部分适合的信息会被遗漏，查全率会下降。所以，从理论上说，如果像图5-6右侧所示，竖线向右倾斜，接近横轴，才有可能在提高查全率的同时减少信息噪声。在实际进行检索的时候，检索者会使用各种方法同时提高查全率和查准率，如：输入检索词的同义词再次检索，使用适合的截词检索法，对检索式是否使用了恰当的逻辑运算符进行评估和探讨等。

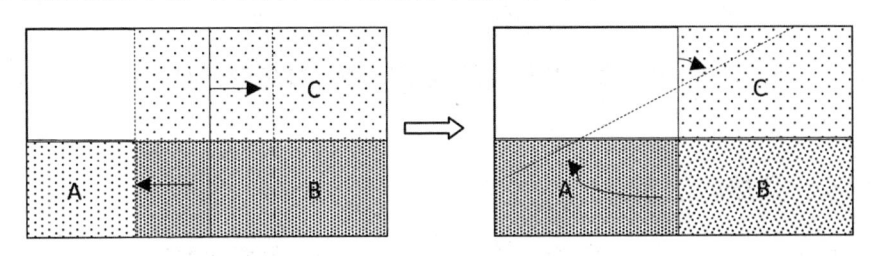

图5-6 提高查全率与查准率的理论图

一般来说，为了提高查全率，会采用以下措施：①同时使用主题词和自由词，输入尽可能多的同义词和关联词；②不使用完全匹配检索，而是使用截词检索法等。为了提高查准率，会采用以下措施：①限定主题词；②输入的检索词限定为标题、书名等已经存在的语句；③检索结果按关联度排名等方法。

比如，日本经济新闻社的新闻报道搜索引擎，就能根据标题、输入的关键词在文中出现的频率计算关联度，并按关联度对检索结果进行排名。国立国会图书馆的搜索引擎也设置有按关联度排名检索结果的选项。

有的检索重视查全率，要求检索结果是网罗式的没有任何遗漏。有的检索要求查准率高，允许有些遗漏。例如，专利查新要了解是否有相同的发明已经申请了专利，即使有一项检索遗漏也是致命的，所以重视查全率，允许信息噪声存在。再例如，制作某个研究者或者作家的成就表，以著者姓名进行检索，同样不允许存在漏检情况。

另一方面，也有想知道主要文献有多少，重视查准率，允许多少有些遗漏的情况。无论哪种情况，在最初的时候根据需求确定检索方针都是非常重要的。

尤其是图书馆员接受委托人委托代查代检时，务必在如图5-2所示的信息检索申请单中，事先设计好"重视网罗性（重视查全率）"还是"重视适合性（重视查准率）"一栏，并与委托人进行确认。在使用收费商业数据库检索的时候，只要是下载的文献，即使不需要也是要收费的，为了防止与委托人在这点上产生纠纷，务必事先与其进行充分的沟通。

5.5 数据库的定义与种类

在高度信息化的社会，数据库已经成了必不可少的信息资源。本节将对数据库的定义和种类进行解说。

5.5.1 数据库的定义

根据日本《著作权法》第二条第十款第三项，数据库的定义为："论文、数值、图形以及其他信息的集合物，这些信息能构成体系，能够使用电子计算机进行检索"。此外，正如该法第十二条第二款规定的："数据库在对信息的选择以及构成体系方面具有创造性，因此作为作品受法律保护"，数据库是作为作品受到法律保护的。也就是说，数据库整体以及数据库中收录的单个作品都作为作品受到法律保护。

数据库有如下一些特征：收录大量的数据和信息，信息被整合成计算机能够处理的体系，能进行具有统一性、结构性的储存和保存，任何时候都能用计算机将必要的信息单独检索出来等。此外，在构建数据库的时候，需要考虑到信息应该容易储存和更新。

符合这些条件的所有事物，也就是说所有被数字化储存，并能进行检索的记录介质都称为数据库。目前，已经有各种类型的数据库形式，如：新闻报道、图书、期刊论文等以文章为中心的数据库，物价、物价指数、统计等数据数值数据库，照片、插图、地图、设计图等图像数据库，现场录音录像、电视节目、电影等视频数据库，或卡拉 ok 中将特定音节抽取出来的音频数据库、网站、网页数据库等。

5.5.2 数据库的种类

上个世纪 60 年代后半期，美国数据库制作机构的专家们首次构建了文献数据库。日本则是在 70 年代后半期，由当时的日本科学技术信息中心（现在的科学技术振兴机构)、日本经济新闻社等制作了论文及报纸报道数据库。但这些文献数据库主要收录的是书目数据,并未收录原始论文和报纸报道全文,所以又被称为参考咨询数据库。

从那之后,日本出现了大量的国产商业数据库。另一方面,由于1995之后日本网络得到了迅速普及,各种各样的万维网站接二连三的诞生,内容从娱乐、兴趣到学术信息,呈现出鱼龙混杂的状态。

如图5-7所示,数据库大致可以分为收录一次信息的事实数据库,收录二次文献的参考咨询数据库,以及收录多种形态信息的多媒体数据库,也就是网站。

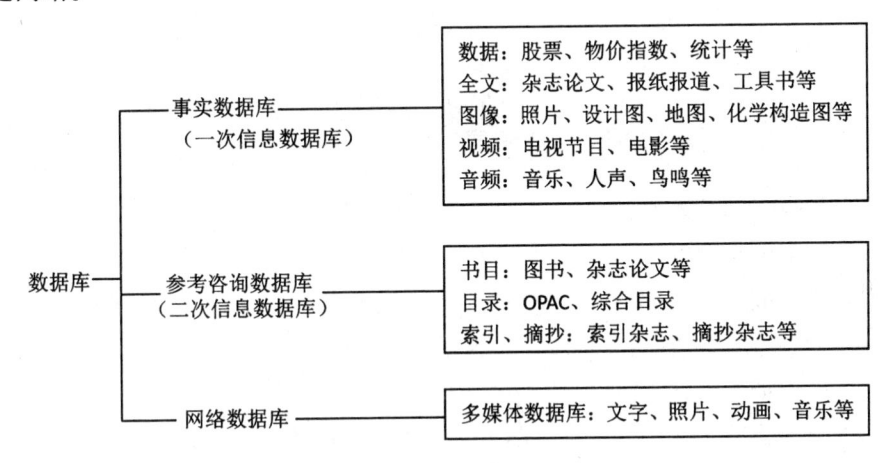

```
                ┌─ 事实数据库 ──────┬─ 数据:股票、物价指数、统计等
                │   (一次信息数据库)    ├─ 全文:杂志论文、报纸报道、工具书等
                │                      ├─ 图像:照片、设计图、地图、化学构造图等
                │                      ├─ 视频:电视节目、电影等
                │                      └─ 音频:音乐、人声、鸟鸣等
数据库 ─────────┤
                │                      ┌─ 书目:图书、杂志论文等
                ├─ 参考咨询数据库 ──┼─ 目录:OPAC、综合目录
                │   (二次信息数据库)    └─ 索引、摘抄:索引杂志、摘抄杂志等
                │
                └─ 网络数据库 ──────── 多媒体数据库:文字、照片、动画、音乐等
```

图5-7 数据库的种类

事实数据库是指单纯的数值、文字、图像、视频、音频数据库,或同时含有以上几种的信息形态的复合型数据库。事实数据库能直接为用户提供所需要的信息。图书馆的文献信息很多都是全文数据库。报纸报道的数据库除了部分未取得所有权人许可外,基本上都能看到报道的全文以及相关照片。工具书数据库虽然也收录文章、照片、图片等,但存在着收录内容与印刷物不完全一样的情况。

参考咨询数据库指书目、文献清单、目录、目录期刊(将期刊的目次收录在一起的刊物)、索引期刊(将文献清单按关键词排序的二次资料)等数字化的数据库。这些与文献信息相关的数据库叫做书目数据库。

在参考咨询数据库中,如果文献原文(原始文献)未被收录,需要另外寻找获取途径。参考咨询数据库本来是以文献为对象的文字信息，但现在在互联网上的目录数据库 Webcat Plus 和书店的图书信息中，很多已经能提供图书的封面和图片信息，多媒体类数据库在逐渐增多。

随着电子期刊的普及，用户获取原始文献相比以前容易多了。国立情报学研究所的 CiNii（サイニ）与科学技术振兴机构提供的 J‐STAGE，都可以免费或付费获得原始文献。此外，随着各大学与研究机构机构库的增多，以及国立机关和研究者本人在网站上发布信息的增加，用搜索引擎能检索到的原始文献也越来越多。

5.6 文献数据库的构造和标引

5.6.1 文献数据库的构成与记录

文献数据库是被称为"记录"的信息单位的集合。"记录"为数据库中收录的各个论文和报纸报道的信息单位，"记录"的内容根据数据库的内容和种类有所不同。下面的图 5‐8 展示了科学技术振兴机构和 G‐Search 的 JDream Ⅱ 信息检索系统的 JSTPlus 记录样例。

各个记录由以下的检索字段构成：

①整理编号　　　　　　　　　⑦资料种类、记事区分
②日文标题　　　　　　　　　⑧资料的发行国、原文的语言
③英文标题　　　　　　　　　⑨摘要
④著者名及所属机构名　　　　⑩分类符
⑤资料名、jis 资料编号、issn　⑪主题词（描述符）
⑥卷号页（发行年月日）　　　⑫副主题词

构成数据库的各个记录由很多检索字段构成，按记录编号排序。在光盘检索或 OPAC（Online Public Access Catalog：联机公共目录查询系统）检索中，这些检索字段会被事先指定，所以只能用光标选择自己想检索的字段或检索式进行检索。

5.6.2 文献数据库与标引

标引（indexing）是指，为恰当地表现文献的主题内容或概念，赋予文献

> ①整理编号：08A0300313
> ②日文标题：データベースと索引方針　サーチャーからみたデータベースの索引方針への期待
> ③英文标题：Datebase and indexing policy.Anticipation of indexing policy for datebases from the viewpoint of a searcher.
> ④著者名：原田智子（鶴見大　文）
> ⑤资料名：信息科学和技术 JST 资料编号：F0178A ISSN：0913-3801
> ⑥卷号页（发行年月日）：Vol.58, No.4p.166-171 (2008.04.01) 图表参考文献：图 1，参考文献 20
> ⑦资料种类：　期刊（A），报道：解说（b2）
> ⑧发行国：日本（JPN）　语言：日本语（JA）
> ⑨摘要：商用文献データベースにおける索引方針の内容と、インデクシングの問題点について論じる。大勢のインデクサーによる共同作業が必要となる大規模データベース構築では、蓄積される情報内容の統一性や一貫性が求められ、索引方針や索引作成マニュアルが必須である。サーチャーからみたインデクシングの問題点としては、索引方針や索引作成マニュアルの非公開、インデクシングの一致性の限界、インデクサーの主題に関する知識と文献内容把握の限界、インデクシングの質の問題が挙げられる。サーチャーは索引方針や索引作成マニュアルの公開によりインデクシングの全容を知ることができ、質の高い検索結果にもつながる。
> ⑩分类号：JD03030U, AC06020S, AC050030W（681.3:061.68,002.5:005，002.5:025.3/.4:005）
> ⑪主题词：数据库、文献检索、标引[计算机]、文献学家、一贯性、手工、主题分析、检索效率、索引
> ⑫副主题词：标引者、检索者、文献数据库

图 5-8　JSTPlus 的记录样例

一个以上的标引语（indexing language）。标引语言在带有记号或符号体系来表示主题内容、概念的时候，被称为分类号，为专门用语体系的时候被称为关键词。

如果关键词使用自然词，可以通过能表现语言阶层关系或将关联语关系体系化的可控制词表（controlled vocabulary）。因此，附加分类符号也可以算作标引的范围。

在图书卷末标引的时候，虽然可以像 SIST13（科学技术信息流通技术标准）一样使用标引语言，但在 SIST13 中不包括期刊报道的标引。

标引是信息专家以文献数据库储存的图书、期刊报道、专利文献等各种各样的文献信息为对象进行的工作，目的是为了便捷地检索数据库的信息。也就是说，利用数据库进行检索的人是在利用标引者工作的成果。在很多商业数据库中，成为检索对象的检索词都是根据标引者赋予的标引语言，或利用计算机分析出的标题或摘要（abstract）自动抽取出来的。

要将大规模的文件制作成数据库，需要逐个标引每个文件，要求很多标引人员同时工作，这就要求储存内容的统一性和一致性。此外，为了缩小数

据库收录文献的时间差，有必要根据规划的时间表进行标引。构建数据库的负责人有必要管理和掌控全体工作人员的分工和工作进度。

在这种情况下制作数据库，必须要制作标引方针和标引手册，并要求工作人员遵守。检索关键词可以大致按图5-9所示的分类。一般来说，会从主题词清单的同义词中选出具有代表性的词语作为"描述项"（descriptor），如，将"图书"作为描述项，"书"、"书本"、"书籍"、"book"等作为"非描述项"。相对于主题词，没有进行规范的称为自由词。自由词有的是文献中既有的，有的是数据库储存的时候标引者附加的。文献中使用的词语可以由计算机自动抽取出来，成为自由语言检索的对象。

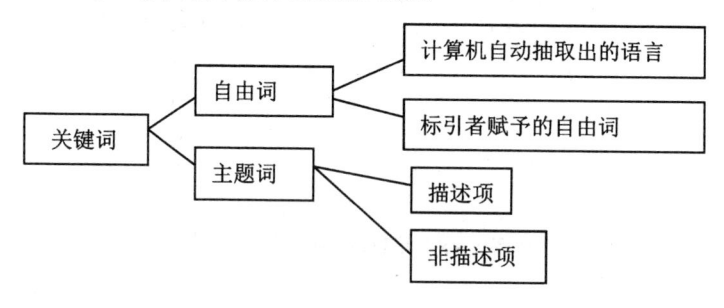

图 5-9　关键词种类

信息检索使用的主题词工具书主要有同义词辞典（thesaurus）和主题词表（subject headings），基本上由优先词、非优先词、相互参照、叙词含义说明（标记注释优先词的意义范围、使用方法）等构成。常见的排序依据有：五十音图、字母表、领域、层级等。

日本使用的主题词工具书有：《基本主题词表第4版（1999年）》、《JST科学技术用语同义词辞典2008年版》、《日经同义词辞典2008年版》等，《JST科学技术用语同义词辞典2008年版》和《日经同义词辞典2008年版》有免费的网络在线版。

如图5-10以及5-11所示，"信息服务"这个词虽然同时在《JST科学技术用语同义词辞典2008年版》和《日经同义词辞典2008年版》中都有录入，但需要注意的是，在不同的辞典中其下位语是不同的。

这是因为，《JST科学技术用语同义词辞典2008年版》是供科学技术领域人员撰写学术论文使用的同义词辞典，而《日经同义词辞典2008年版》是与

```
信息服务（information service）
BA01
NT VOD（Video On Demand）
  Web service
  Current Awareness
  SDI[信息]
  内容服务
  图书馆服务
  参考咨询服务
BT 服务
RT 在线服务
  计算机网
  数据库
```

图 5-10　『JST 科学技術用語シソーラス2008 版』的例子

```
[50 音图顺序一览]
信息服务

[领域一览]
信息.通信[L] ← 大分类
信息产业.多媒体[LG] ← 中分类
信息服务
.在线服务
.信息提供服务
..医疗信息服务
..气象信息服务
..结婚信息服务
..不动产信息服务
.Video On Demand
```

图 5-11　『日経シソーラス2008 年版』的例子

报纸报道相关的同义词辞典。此外，5-1 表表示的是在主题词词表和同义词辞典中使用的记号的意思。《JST 科学技术用语同义词辞典》2008 年的版本未收录同义词作为参照。在《日经同义词辞典》中，同义词以及作为参照的相关语是按照五十音图排序的，"领域一览"中只记载了层级关系。

表 5-1 主题词表以及同义词辞典使用的记号意思

词语关系	参照关系	记号
同义词.近义词关系	同义词	USE 或者→
		UF（Used For）
层级关系	最上位语	TT（Top Term）
	上位语	BT（Broader Term）
	下位语	NT（Narrower Term）
关联词关系	关联词	RT（Related Term）或 See Also

在互联网网页上检索，如果检索结果不令人满意或担心有遗漏，可以参照这些工具书记载的同义词、近义词或关联词，会取得非常好的效果。

手工标引工作需要熟悉主题的专家对主题进行分析，以给出关键词或进行分类。由于不是抽取单独的文字或词语，所以能够保证数据库内信息的质量，能进行与输入文字不一致的概念检索。

但是，标引作业需要花费大量的时间和成本，培养和确保拥有相关的信息专家也非常困难。在这点上具有优良传统的数据库有：美国国立医学图书馆制作的 MEDLINE，美国 Chemical Abstracts Service 制作的 CA 数据库等。早在 100 年前，这些机构就开始制作二次文献以及数据库，直到现在还在投入人手和成本制作数据库。这些机构能够确保了所提供信息的专业品质，为世界学术研究发展作出了巨大的贡献。5-12 的照片显示了美国俄亥俄州 Chemical Abstracts Service 的信息专家标引时的工作场景。

图 5-12 Chemical Abstracts Service 制作索引的情形
（摄影：原田智子）

5.7 网站的构造与互联网检索的结构

5.7.1 网站与网页

互联网上的网站是由很多网页构成的，就像一本书由很多页构成一样。网站上的众多网页通过链接功能互相连接，其中又包含了一些阶层构造。网页是通过 web 浏览器展示的信息集合。可以说，网站是网页的集合，是公开的网页群。

5.7.2 互联网检索

现在提到"信息检索"，一般是指互联网检索。互联网像蜘蛛网一样将全球（World wide）的信息人员连接到一起，让检索成为可能。网站和网页通过被称为 URL（Uniform Resource Locator）的网址被识别，通过链接功能被互相链接，由此让互相联系的信息检索成为可能。

5.7.3 搜索引擎的种类

在互联网检索中，使用的搜索引擎是为了检索 World Wide Web（WWW）上存在的海量网站和网页而开发的。如图 5-13 所示，搜索引擎的检索对象仅为表层 Web，基本上检索不到深层 Web。

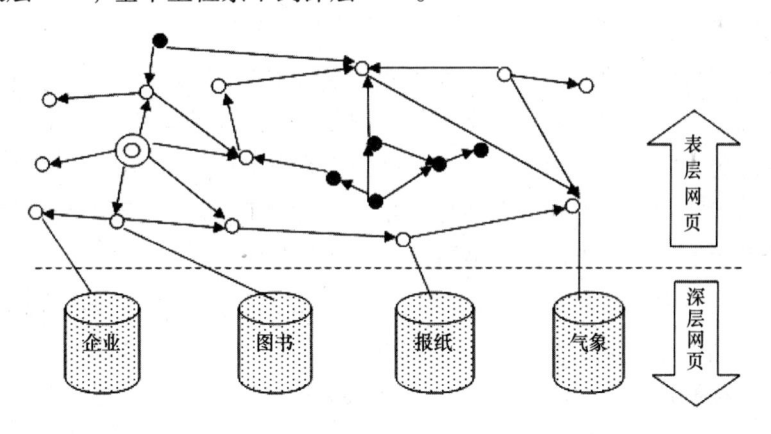

图 5-13 表层网页和深层网页

因此，在图书馆提供参考咨询服务的时候，需要作为信息专家的图书馆员灵活利用适合的深层网页的资源。在深层网页上，存在着大量客观的、可信度高的信息。有必要让搜索引擎找到这些网站的入口，再从入口处每个数据库的搜索栏进行检索，从而检索深层网页的内容。

搜索引擎大致可以分为以下四个种类：机器人搜索引擎、分类搜索引擎、混合搜索引擎和元搜索引擎。

1）机器人搜索引擎

机器人搜索引擎是指：利用机器人或者爬虫采集信息，以任意网页为基点，依次采集连接网页的超链接，采用能够表示一定时间内的采集范围的结构。机器人搜索引擎的代表有 Google。

如图 5-13 中所示，在机器人搜索引擎检索时，◎表示作为基点的任意网页，○表示通过箭头所示的超链接采集的网页。涂黑的圆圈●表示的网页没有链接到基点网站上，所以机器人搜索引擎采集不到这些网页上的信息。正如这个图所表示的，机器人搜索引擎并不能采集到所有网页的信息。

机器人搜索引擎的优点是，能自动进行搜集，不需要人工介入，但和接下来叙述的搜索引擎相比，劣势为：检索结果包含的信息多而杂、数量庞大但准确度不高。因此，很多将信息提供给 Google 的公司，都在提高检索结果排名方面下了很多功夫。

2）目录搜索引擎

目录搜索引擎也叫做分类搜索引擎，指对网页进行收录时，搜索引擎提供公司的专家会按照一定的标准对网页内容进行分类。

在对网页进行分类的时候，专家可能从各种各样的观点出发，将同一个网页分到多个类别中。目录搜索引擎会对网页上没有明确写出来的词语或内容进行分类，所以即使和检索词不一致的相关内容也能检索出来。另一方面，因为进行了人为分类工作，所以收录的网站数量比机器搜索引擎的少，在时间上会产生滞后。代表性的目录搜索引擎是 Yahoo!。

目录搜索引擎是主题类别的层级构造，从大范围的概念起范围越来越狭窄，一直到很细的类别，从而能检索到目标网站，检索的时候也不需要输入关键词。优势是检索的时候如果想不起来关键词，可以不用留意网页上的词语，但另一方面，需要判断自己想查找的信息属于哪个类别，必须花很多时间到处浏览。

3）混合搜索引擎

混合搜索引擎是指能同时具备机器人搜索引擎和分类搜索引擎功能的搜索引擎。机器人搜索引擎和分类搜索引擎各有优缺点，为对二者加以完善。现在很多搜索引擎同时提供两种类型的检索。Google 和 Yahoo！就兼有两种搜索引擎的功能。随着时代的进步，搜索引擎提供公司的服务也在发生变化，如对两种服务进行融合或提供选择性的服务。

4）元搜索引擎

元搜索引擎能够用多个搜索引擎进行检索，检索的方式如图 5-14 所示，分为统一检索和桌面检索两大类。统一检索也叫做同时检索、综合检索。代表如 Ceek. jp 或 metcha 搜索引擎。一旦输入检索词，多个搜索引擎能同时工作，同时进行检索，且检索结果可以统一集中显示出来。

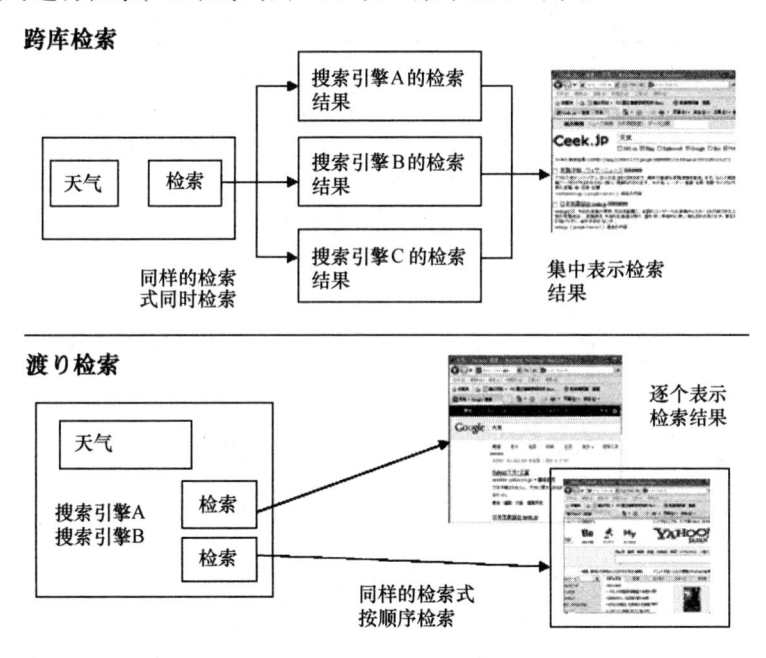

图 5-14 元搜索引擎种类

与此相反，桌面检索是保持搜索栏中的检索词，每次只用一个搜索引擎进行检索，分次表示检索结果。在一个搜索引擎显示了检索结果之后，还需要返回搜索栏的页面。无需在搜索栏输入新的词语，而是切换一下搜索引擎，就可以在另外一个搜索引擎中再次检索。桌面检索的代表有"search desk"。在桌面检索中，可以灵活利用各个搜索引擎的特点进行检索。

5.7.4 使用搜索引擎的注意事项

在使用搜索引擎的时候需要注意以下的事项，才能检索到比较满意的结果。

（1）搜索引擎检索范围仅为表层 Web 的信息。在图 5-14 图中横线之下的深层网页基本上是检索不到的。

不过，日本国立国会图书馆的参考咨询协作数据库与国立情报学研究所的 CiNii 或 Webcat Plus 等的搜索引擎经过了改良，能够检索深层 Web 的信息。

（2）务必确认检索结果的质量和可信度。网页上含有各种各样的信息，信息的创作者也是多种多样。图书馆员在向读者提供信息服务的时候，需通过查找多个信息源对信息进行确认。查看网站或者网页的制作机构是否为国家或地方公共团体等公有机构或大学、图书馆等，此外，注意内容是否有署名、辨别信息发布者的类别等都很重要。

（3）利用不同搜索引擎进行搜索结果差别会很大，最好使用多个搜索引擎检索，因为各个搜索引擎的检索对象范围以及对检索结果的排名是不一样的。

（4）搜索引擎的基本是检索结果与输入文字一致，所以在输入检索词时需要多下功夫。也就是说，输入的关键词和网页中的字符串一致才能搜索出信息，所以需要考虑同义词或表达方式有差异的情况。此外，不仅是单词，固定短语、文章，甚至某些特定的表达方式都可以成为检索对象。

（5）输入英语数字、符号、空格等的时候，原则上是使用半角文字。需要注意全角与半角是有区别的。

（6）有必要确认"help"的内容。搜索引擎在日益改良，一直在使用的功能不能用了，某个时候又追加了新的功能，这些情况都是有可能出现的。

5.7.5 其他检索手段

1）门户网站

浏览 Google、Yahoo! JAPAN 等的主页会发现，在页面上半部分除了搜索框以外，还并列着"图片"、"视频"、"地图"等词语。也就是说，这些搜索引擎不仅仅可以用来进行检索，还能提供新闻、图片等各种各样的信息。像这样能提供各种信息服务的网站被称为门户网站。"门户"（portal）有"入口"的意思。目前，几乎所有的搜索引擎都同时作为门户网站提供各种各样的信息服务。

2）存档网站

互联网上的信息每天都在更新，如果想要知道过去某个时点的网页，通过搜索引擎是不能实现的。能检索过去网页的项目有：美国的非盈利组织 Internet Archive 的 WayBack Machine 和日本国立国会图书馆的互联网资料采集保存项目等。

3）主题网关服务

学科门户服务是指将互联网上某一特定领域或热点、焦点信息集中到一起，以清单的方式展现出来，如果想查看具体内容可以点击网站上的链接地址。链接的集合也是一样。

4）站内检索和站内地图

如果提前了解到网站中有需要的信息，可以仅在网站内进行检索。

站内地图像目录一览表一样，如果灵活使用，能够比站内检索更快捷地获得所需要的信息。

5.8 检索技术与信息专家的作用

5.8.1 信息检索必要的技术

就像第 1 章所述，在目前的网络环境下，谁都可以轻而易举地在互联网上检索信息。如果想了解某个信息，越来越多的人都会选择去互联网上检索，而不是去图书馆。海量信息每天都不断涌现出来，如何从其中检索出内容可靠、质量高的信息已成为一个难题。信息不仅仅指互联网上提供的信息，还包括图书馆长期收集的印刷资料以及在各种记录介质中保存的信息。

图书馆员的任务是：作为信息专家，在读者需要的时候为其提供必要的信息。为了提高读者的满意度，尤其是参考咨询馆员，需要掌握以下信息检索知识和技能，并达到专业人员的熟练程度。

（1）关于信息的高级知识和技能

①数据库的设计和构建——数据库的设计、主题分析能力（制作分类、

107

制作标引、制作摘要)、数据库的管理、文本数据挖掘技术。

②灵活利用网络信息资源的能力——数据库的知识、每个数据库对应的检索战略及技术

③发送信息的技术及能力——数据库的构建技术、网页的制作技术、制作导航或链接集合、制作 faq（常见问题）、撰写论文及报告

④信息的评价、鉴别能力——调查问卷或者访谈等调查方法、统计处理

⑤熟知知识产权、信息伦理的相关知识

（2）交流能力

理解用户的信息行为、访谈的技巧、与图书馆用户、同事等交流、形成人际网

（3）应对激烈环境变化的灵活性、对新事物的好奇心

（4）作为组织的一员解决问题的协调力

（5）明确的成本意识

（6）教育和指导读者的能力

（7）推广活动与市场应对能力

除了以上的七个项目，图书馆员还必须学习和掌握图书情报学以及某一专业知识和技术。图书馆的种类不同，所需相关专业领域的知识也不同。如果是在公共图书馆，由于用户的信息需求多种多样，所以需要经常关心新闻、注意最新的信息。在大学图书馆或学校图书馆，需要为从事教育研究的教员提供学术信息。在专业图书馆，很多时候都需要图书馆员在某个专门领域拥有比较深入的专业知识。

在未来信息环境会发生更加激烈变化，为了提高信息检索的知识和技术，需要图书馆员付出更多的努力。图书馆员也可以参加图书情报学、信息检索的认定考试，或者挑战信息处理的相关资格考试，或通过 OJT（On the Job Training）、进修等提升技术。很多大学也作为整个体系中的学习场所之一，面向社会人士提供继续教育。

5.8.2 信息专家的作用

图书馆员作为信息专家，在必要时向用户提供符合其要求的、可信度高的信息。帮助用户获得必要的信息，正是作为信息专家的图书馆员应该发挥的作用。如果用户希望亲自检索信息，应该教给他们必要的知识和技巧，如

果受读者委托代查信息,则需要为其检索提供信息。

换言之,图书馆员这个职业的作用是,要满足每个用户不同的信息需求。因此,公共图书馆以参考咨询为首的信息服务如果拿衣服作比喻,不应该是成衣,而是独此一件的高级定制服装。按用户希望的信息服务方法,将信息送达给用户,是非常重要的。信息服务是对人的服务,需要根据情况随机应变。

在企业图书馆或医学图书馆等专业图书馆,图书馆员还担任着信息顾问和建议者的角色。在研究开发和企划方案的策划阶段,图书馆员会作为负责信息的成员参加筹划,收集必要信息。在医学、医疗领域,循证医学(EBM, ebidence – based medicine)① 担负着在根据一定科学依据进行医治的义务。在这种情况下,图书馆员的作用尤其重大,必须提供可信度高、优质的学术信息。

正因为这是一个谁都可以进行检索的时代,今后图书馆员作为信息专家的重要作用会更加彰显出来。换言之,能够灵活使用从传统的参考资料到商用数据库到互联网的海量信息资源,并提供高质量的信息服务,是用户对图书馆员的期待。

---

① EBM 的全称为 "evidence – based medicine",原书括号中为 "ebidence – based medicine"。—译者注

第6章 发布信息型服务的开展

6.1 发布信息型服务的出现

6.1.1 何谓发布信息型服务

图书馆需要适应时代与社会的变化，除了印刷型信息资源，还需要积极应对数字资源。因此，图书馆的服务具有一定的混合性，具有这种混合性的图书馆可以被称为混合型图书馆。

在印刷型信息资源的时代，印刷资料的馆藏情况决定了服务的质量，而在数字资源的时代，决定服务品质的却是"对信息的链接（访问）"。但如果仅仅考虑到"信息链接"这一点，读者使用图书馆不一定非要来馆，只要是在有网络的环境中，无论在哪里都可以通过电脑或手机寻找需要的信息。因此，在混合型图书馆中，对读者的服务要重视在网络上体会不到的真实空间服务的感觉，也就是要重视图书馆作为"场地"的作用。为此，要努力改善图书馆的阅读环境及设施，在举办增加与读者面对面机会的活动方面下功夫。

那么，图书馆的发布信息型服务究竟具体是指什么呢？对到馆读者来说，除了在图书馆馆舍中提供的服务，更多的还包括在图书馆主页（以下称为图书馆 Web）上为读者提供的信息服务。

无论人们是否意识到，图书馆 Web 都是以全世界为对象，向不特定的多数的读者提供信息服务，所以必须要采用一些宣传推广的方法。图书馆主页也叫图书馆门户，相当于图书馆的玄关，必须要能引导读者轻易找到所需资源。因此，本章主要对图书馆的发布信息型服务，也就是通过图书馆 Web 提供的发布信息型服务进行说明。

6.1.2 利用图书馆网站开展的几项发布信息型服务

具有代表性的通过图书馆 Web 发布信息型服务有：

1) OPAC（在线馆藏目录）

OPAC 包含能够检索所藏资料的检索栏（能输入关键词等），或其他一些项目（著者、书名、出版年等）。

2) 开馆指南、使用指南

按不同的颜色显示开馆日、开馆时间等，很多情况下会制作成日历的样子。使用指南则会说明使用条件、外借规则等。

3) 所在地、交通指南

包括图书馆的地址、电话号码、交通工具、方位等，有时候会用简易地图或 Google Map 地图来表示。

4) 馆内楼层图

在馆内各个楼层张贴楼层图，说明哪一层设置了什么阅览室等。馆内楼层图注意让读者观看的时候视觉上简明易懂，必要时还可以另外张贴详细的说明。

5) 新到图书指南、按主题分类图书指南

新到图书指南是指将新到的图书按日本十进制分类法（以下简称 NDC）等进行分类，制作成清单。按主题分类图书指南是指将包括已有资料在内的所有文献按主题分类，并定期公布的文献清单。

按主题分类的图书指南往往都不使用十进制分类法，例如，以"垃圾"这个主题为例，如果是文库或新书的情况下会分到总记类，如果涉及到教育会被分到教育类，如含有垃圾处理的内容则会被分到技术、工学类，像这样按类别来分可以弥补 NDC 有所欠缺的地方。

6) 运营方针、收藏方针

运营方针是明确图书馆的运营规则等，是图书馆运营的依据所在。收藏方针是图书馆的藏书构建方针，通常会按照 NDC 的分类，明确各类文献入藏的优先程度，与运营方针有密切的联系。

7) Q&A，链接集

Q&A 指常见问题（也叫做 FAQ）与答案。链接集是指将类似或相关的图书馆、机构、信息等的链接制作成清单。

8）RSS

RSS（RDF Site Summary；RDF 是 Resource Description Framework[①]）是处理 Web 网站更新信息的数据格式，使用 RSS 阅读器，即使不与该网站相链接，也能自动从该网站获知更新的最新信息。

9）通知

通知是指提前或实时发布消息，以让尽可能多的用户获悉某些内容。这包含两层意思：一是传达某些即将发生或已经发生的可能会给读者带来损失的情况，比如：馆内清点藏书导致的临时闭馆、OPAC 发生故障导致的检索服务暂停等。作为图书馆一方，应该提前制定危机管理对策，将可能会带给读者的损失减到最小。

另一层意思是，有可能会给读者带来某种益处的内容，如：图书馆主办的讲座、演讲等活动，在互联网上即将开始的新服务，外借书籍册数的增加，征集自愿者、建议等。作为图书馆，应该尽量加深读者这样的印象：图书馆在提供以用户为中心的服务。

10）邮件杂志

图书馆制作的邮件杂志一般是以月刊的形式发行（免费），内容多为推送图书馆举办的活动或新到图书。发布邮件杂志的同时，还就读者如何注册自动获取或终止自动获取进行说明。有时候还能通过邮件杂志阅读过刊。

11）SNS

SNS（Social Networking Service）是促进和支持人与人之间联系的社交型服务，或提供这种服务的网站。得益于 SNS，图书馆界与读者的联系也日渐增强。SNS 服务的代表有：Blog（博客）、Twitter（推特）、Facebook（脸书）。

Blog 也被称为 Web 日志，以个人日志为中心，用户能按时间顺序较为频繁地进行记录。在 Blog 中，用户可以对他人的日志进行评论，或者将别人的日志链接到自己的日志中。因为 Blog 具备这些功能，可以将它视为一个共享信息的媒体，能将不特定多数的参加者联系在一起。

Twitter 也被称为迷你博客，能发送 140 字以内的有关图书馆的推文（发推），还能在推文中嵌入链接，帮助读者了解想关注的内容。读者可以关注有兴趣的图书馆，进行评论，或者向其他人转发推文。

[①] W3C（World Wide Web Consortium）提出的标记数字资源的技术标准格式。

Facebook 需要实名登录，但发表感想或评论没有 140 字以内的限制。还可以上传照片或视频，让被分享的人更有身临其境的感觉。如果对某个使用的 Facebook 图书馆发表的内容表示关注，点击页面上的"赞"按钮，就可以成为该图书馆的好友（粉丝）。成为该图书馆的好友之后，在自己的主页上会显示该图书馆 Facebook 发布内容，评论这些发布内容就能够进行共享（share），还能对图书馆发布的内容点"赞"。

6.2 利用图书馆网站开展发布信息型服务案例

6.2.1 下一代 OPAC

自 2005 年之后，出现了很多新的 Web 网站利用方法。通过前面所述的 SNS，互联网从一直以来的单向信息流动发展到任何人都可以利用电脑、智能手机、手机等发送信息，迅速进入到用户充分融入的社会媒体时代。像这样，以社会媒体为基础的网络被称为 Web2.0。

另一方面，由于用户使用的搜索引擎大多为机器人型搜索引擎，所以在传统 OPAC 中，搜索框大多非常简单，仅有一栏。如果用户在搜索栏中输入论文的题目错误，或者出现转换错误、拼写错误等，使用 OPAC 进行检索时就很容易失败。

针对这种情况，受 Web2.0 的影响，美国等国家开发出了新的 OPAC，总称为下一代 OPAC[1]。下一代 OPAC 引擎追求简单易用，力求用户即使不熟悉检索方法，也能够凭直觉进行检索。为此，在设计上采用独具特点的检索方式，设置了多个检索词。下一代 OPAC 与 Web2.0 合起来被称为 OPAC2.0，主要有以下四个特点：

---

[1] 工藤絵里子．片岡真．次世代 OPAC の可能性：その特徴と導入への課題．情報管理．2008. vol. 51, no. 7, p480－498, https：//www. jstage. jst. go. jp/article/johokanri⑬51_ 7_ 480/_ pdf/－char/ja, （参照 2012－02－07）

此外，有关下一代 OPAC 的情况还可以参考以下两个文献。

· 慶応義塾大学 KOSMOS. 慶応義塾大学メディアセンター．

http：//kosmos. lib. keio. ac. jp/primo _ library/libweb/action/search. do? dscnt = 1&dstmp = 1380420253297&vid = KEIO&fro mLogin = true, （参照 2013－09－29）

· 国立国会図書館サーチ. http：//iss. ndl. go. jp/, （参照 2012－02－07）.

①按适合程度进行排名——与已有的各类搜索引擎一样，会按逻辑计算用户输入的关键词，并按适合度从高到低的顺序对检索结果进行排名。

②视觉化的检索结果——与已有的在线书籍订货系统一样，除了书籍的书目信息，还能看见目录、封面图片等。此外，还能以图表的形式表示资料的种类。

③利用分面分类法搜寻检索结果——分面有切口的含义，在这里是指根据信息的各个切口来寻找检索结果。例如：出版年、分类、主题、语言、资料类别、规范著者名等。

④与其他图书馆、书店、数据库等的合作服务——下一代 opac 除了具有传统 opac 检索图书馆藏书的功能，还能在用户通过其他途径寻找原始文献时为其提供帮助。具体是指，在 opac 检索中，图书馆事先会与某些电子书、电子期刊、数据库有约定，目标信息如果包含在这些信息源中，即刻就能看到全文，如果目标信息不包含在约定信息源中，则会以一览表的形式呈现能获取原始文献的其他方式，包括在线售书的网上书店的链接，以作为用户获取文献的选择项。同时，检索结果还能被保存到约定的文献管理软件中，或以邮件的方式进行发送，以方便用户利用。

6.2.2 "我的图书馆"功能

有的图书馆会设置有专门的读者页面，这些读者页面形式多种多样，名称也各不相同，如："用户记录"、"用户信息确认"、"我的主页"、"我的账户"、"我的图书馆"等，在这里统称为"我的图书馆"。"我的图书馆"具有让读者在互联网上自我服务的功能，包括通知、更新、取消、登陆读者的外借、阅览、参考咨询信息等。每个图书馆的"我的图书馆"服务项目不尽相同，但主要内容包含在以下清单中：

①确认当前正在外借的资料、延长借书时间

②预约申请正在外借的资料、确认申请内容、更改受理申请资料的图书馆、取消预约申请①

③邮件通知新到资料……用户如果事先输入感兴趣的主题或某些关键词，

---

① 藏書検索と予約. 千代田区立図書館. http：//www.library.chiyoda.tokyo.jp/search/index.html，（参照 2012 - 02 - 07）.

在相关的资料整理完毕、能够利用之后，图书馆会以邮件的形式通知用户。

④在填写参考咨询表格之后，确认已经受理参考咨询的处理情况

⑤在其他图书馆复印、外借之后，确认复印资料或书籍送达状况

⑥购买图书（链接到大型书店）

⑦通过读者输入的关键词、评论等实现的互动服务——通过读者自由输入某本书的一些关键词，与其他相关图书连接的功能。这些关键词也向其他所有读者开放，输入者同时还能参考其他人的关键词。此外，还能输入公开评论。可以将这些读者自由输入的关键词作为标签，实现信息的组织化，在这种情况下，这些关键词也可以作为社会标签。

⑧确认下次想看的书——现在有很多读者因为时间紧张等原因不能看书，通过此服务，读者能在登陆后记下如果有条件想看的书。

⑨灵活使用图书馆的外借记录、提议推荐图书——此项服务可以利用图书馆的外借记录进一步提升服务质量。在保护个人外借信息的基础上，显示个人外借图书一览表，显示借了此书的人还借了其他什么书等。此项服务还可以充分利用读者的外借记录，根据读者外借、预约、今后想看的书的记录，为其推荐感兴趣的资料①。

⑩更改密码——图书馆提供"我的图书馆"服务时，需要对读者进行认证。为了便于认证，读者在图书馆填写申请资料的时候，必须填写读者 id（用户名）和密码。必须注意的是，读者养成使用后退出登录的习惯非常重要。如果忘了退出登录，个人信息就有可能会被泄露，或出现被别人盗用其账号操作的风险。

6.2.3 数字档案馆

2009 年之后，数字档案馆似乎得到了前所未有的关注。比较有名的事例是，google book 图书馆项目被认为存在着侵害著作权的行为，在美国被起诉，由于此案的和解对美国之外的相关利益者也会产生效力，所以日本国立国会图书馆开始对馆藏资料进行大规模数字化。此外，当年还出台了相关的公文管理法律。

---

① おすすめリストの登録. 成田市立図書館. http：//www.library.narita.chiba.jp/web‐service/recommend.html，（参照 2012‐02‐07）.

那么,数字档案馆究竟是指什么呢?"archives"本来是指档案、或保管档案的场所,数字档案馆却不仅仅限于档案馆,还指图书馆、美术馆、博物馆以及将其馆藏进行数字化保管。从大的方面来讲,公开数字档案馆的意义在于:只要在网络环境下,用户可以在必要的时候一站式阅览需要的内容。如果能进行全文阅览,还有可能为创造新知识提供条件。原始资料担负着将文化财产遗留给后世的使命,所以很多时候对这些资料的使用会有所限制,而数字化则打破了这种限制,所以从资料保存角度来讲,数字化也应该被积极的推进。

在数字图书馆中,最具代表性的就是国立国会图书馆的"近代数字图书馆"数据库①。"近代数字图书馆"数据库能提供国立国会馆馆藏明治、大正时期图书的数字阅览服务。检索方法有3种,一是在检索框内输入想查找的内容,二是在"详细检索"的各个栏中输入各项书目信息,三是从根据NDC分类的一览表"分类检索"中查找想看的图书。无论哪种方法,一旦出现某本书的书目信息,在页面下方就会显示"查看目录"(仅在图书存在目录的情况下)、"查看全文"两个按钮。如果点击"图书的著作权信息",就会显示此书的著作权状态(如著作权保护期满),或著作权人不明等信息,如已接受文化长官裁定则会显示裁定的年月日。

6.2.4 机构知识库

近年来,各个大学图书馆纷纷构建机构知识库。机构知识库是指:大学将研究或教育的成果以数字化的形式保存在服务器上,并通过网络向全世界免费公开的数据库。日本国立情报学研究所从2004年(平成16年)开始实施学术机关机构知识库构建合作援助事业②,为日本大学图书馆机构知识库的构建起到了重要作用。大学构建机构知识库能起到以下三方面的作用:

①将大学资源返还给社会——将研究教育的成果以"柜台陈列"的方式展示出来,告知社会生产了什么样的学术成果,让大学的学术成果以大学为单位可视化。机构知识库起到了将大学知识返还给社会的窗口作用。

---

① 近代デジタルライブラリー. 国立国会図書館. http://kindai.ndl.go.jp/index.html,(参照2012-02-07). 在网络上提供图书约1万册. 此外在国立国会图书馆舍内提供未处理著作权的图书约22万册.

② 学術機関リポジトリ機構連携支援事業. 国立情報学研究所.
http://www.nii.ac.jp/irp/,(参照2012-02-07)

②有利于大学确立个性——登陆和公开研究成果让大学履行了向社会说明研究教育活动的义务。此外，还能在认证与评价大学的时候作为一项指标灵活使用。

③长期保存研究教育成果——长期保存和提供研究成果是学术机构的使命，机构知识库有助于大学完成这个使命，并提高其可信度。

为了充实机构知识库，有必要建立让研究者们将撰写的论文终稿发送到机构知识库中的制度。目前，很多学术期刊已经将著者的论文公开在互联网上，虽然有时候会带有某些限制条件，但目前世界已有百分之九十的主要学术期刊选择了在互联网上公开，也就是认可自我存档①。那么，对研究者来说，机构知识库又有什么好处呢，大概有以下三点：

①能够扩大研究成果的影响力

将文章发表到机构知识库中可以提高文章的影响力，增加其他人看到这些文章的机会，由此能提高文章的被引率。由于大多数机构知识库在建立的时候都遵循全世界通用的互操作协议标准（OAI–PMH），发送到机构知识库中的研究成果被赋予标引数据，因此很容易被谷歌等各种各样的搜索引擎检索出来。通过国立情报学研究所的"学术机关机构门户 JAIRO"②，能够对日本机构知识库储存的学术信息进行检索。

②提高可信度

机构知识库可以让研究者将自己的论文作为大学的教育研究成果之一进行长期保存，并得到充分的利用。

③省力

作为大学研究成果的数据库可以在与外部机构知识库合作、申请基金等的时候发挥作用，容易产出研究成果。

在上个世纪90年代前半期，在物理学等部分自然科学领域，存在着预发表服务。通过预发表，研究者可以在学术成果正式发表在学术期刊之前将其数字化，并免费公布在互联网上。这种预发表仅存在某些学科领域，可以看作是以主题分类的机构知识库。

机构知识库可以不仅仅由某大学等单一机构构建，还可以由某些地域范

---

① 栗山正光. 総論 学術情報リポジトリ. 情報の科学と技術. 2005, Vol. 55, No. 10, p413–420.
② JAIRO（Japanese Institutional Repositories Online）. http：//jairo.nii.ac.jp/,（参照2012–02–11）.

围内的多个机构共同构建①。这让那些在技术与费用上难以单独行动的机构也可能构建机构知识库。在共同构建的时候，即使大学的设置机构不同也不会有影响，在已有的共建机构知识库中，成员甚至包括专科学校、高等职业学校、档案馆等。

目前，全世界以及日本正在运营的机构知识库的数量如下：

全世界：2168（根据 Directory of Open Access Repositories）②

日本：155（国立情报学研究所 学术机构机构知识库构建合作援助事业）③

（注：均截止到2012年2月11日）

最后，从图书馆的角度来看，机构知识库的优点可以列举出以下四点：

①能让图书馆在大学的作用重新得到评价——如果本着进一步扩大教育和研究成果传播范围的目的，让无偿公开学位论文、学校项目等科研成果成为一项原则且加以制度化，规定科研成果必须登录到大学机构知识库中，也就是明确机构知识库在大学的地位，会让各大学重新评价与认知图书馆的作用，提高图书馆的存在感。

②有助于构建特色数字图书馆馆藏——可以将构建机构知识库作为契机，建设包括珍贵资料、地方资料等在内的数字图书馆馆藏并保存原始资料。除此之外，开放课程（open course ware：ocw）也可以作为数字图书馆的资源免费公布在互联网上。ocw包括大学在教研活动中产生的众多知识产品，如基于日本学术振兴会科学研究费补助基金的报告等研究成果、取得著作权人授权的学位论文（博士）、大学提供的正规课程，以及相关的教材等。

③省略文献复印工作——如果某大学的纪要及论文发布在机构知识库中，其他大学要求复印、传递纪要及论文等文献的申请就会大大减少。反过来，如果其他大学也将纪要论文发布在机构知识库中，也可以省去复印及索取的麻烦，双方都能减少很多工作量。

---

① 截止到2012年2月，在日本国内参与地区联合机构知识库建设的有：弘前市、山形县、新泄县、埼玉县、福井县、爱媛县、广岛县、山口县、冲绳县9个地方。

② OpenDORA Search or Browse for Repositories. OpenDORA. http：//www. opendora. org/find. php，（参照2012-02-11）.

③ 機関リポジトリ一覧. 学術機関リポジトリ構築連携支援事業. http：//www. nii. ac. jp/ir-plist，（参照2012-02-11）.

④增进交流、增强科研动力——能增加图书馆职员与学校研究者和其他大学图书馆职员之间的交流。如果机构知识库的利用率很高，也能进一步提高图书馆员的工作热情。

但是，目前研究者将自己的论文终稿登录到机构知识库中的比例还很低，如何取得研究人员的理解是机构知识库建设中的一大难题。此外，很多大学机构知识库还存在工作人员缺乏、预算不足等问题。

6.2.5 主题信息

主题信息是指图书馆发布的对用户日常生活有帮助的信息，包括医疗、健康、商业援助、法律信息等。图书馆是具有很高利用率的公共设施，提供的这些信息能为用户解决问题提供帮助，这点同时也关系到图书馆员的改革意识。

1）医疗、健康信息

在现在的医疗行为中，为了让患者了解自己的病情，积极配合治疗，很多时候都让患者参与医疗方针的制定，从而提高患者的生命质量（quality of life：qlf）。因此，需要图书馆帮助包括患者在内的读者获取相关信息，包括提供相关的医疗资料、进行信息调查等。在 2007 年 11 月，山形县鹤冈市的致道图书馆就设立了"庆应义塾大学尖端生命科学研究所身体馆癌症信息站"（以下简称"身体馆"）①。

身体馆是为了响应居民要求，大学与地方医疗机构或行政单位合作共建的"地域共建型"研究项目。身体馆是当地居民"能够一站式了解有关癌症的各种信息的场所"，收藏有就诊指南、斗病记、患者资料等。除了身体馆，类似的机构还有东京都立中央图书馆的"健康、医疗信息服务"②、KOMPAS（庆应义塾大学医院医疗、健康信息网站/庆应义塾大学信浓町媒体中心承担该网站办公室职责）③ 等。

---

① 慶應義塾大学先端生命科学研究所からだ館がんステーション. http://karadakan.jp/，（参照 2012 - 02 - 11）
② 健康・医療情報サービ：健康・医療情報を調べたい方のために. 東京都立図書館. http://www.library.metro.tokyo.jp/tabid/408/Default.aspx，（参照 2012 - 02 - 11）
③ KOMPAS 慶応義塾大学病院医療・健康情報サイト. http://kompas.hosp.keio.ac.jp/，（参照 2012 - 02 - 11）.

2）企业信息援助

很多公共图书馆都有企业信息援助服务，为企业创业、开展新事业等提供有效的信息援助。在中等规模以上的公共图书馆，基本上都有统计资料、白皮书、专业书等，能为企业提供内容丰富的商业信息。

在非盈利组织商业援助图书馆推进协议会①的网站上，汇聚着日本各地的活动信息。读者从这个网站可以了解到日本范围内相关的研讨会、数据库培训会、咨询会等。企业信息援助的服务对象范围非常广泛，有创业者、中小企业经营者、商人、求职中的学生、希望再就业的家庭主妇等。作为商业信息援助的场所图书馆 Web 网站，提供中小企业诊断士商务会谈指南、数据库介绍、商业相关资料（推荐书籍、业界期刊、专业期刊、报纸、资格考试问题集、传记资料等），同时还提供一些相关链接。

3）法律信息

从 2009 年 5 月 21 日开始实施裁判员制度之后，普通国民也可以作为裁判员参加刑事案件审判。无论公私，普通国民参与解决纠纷的机会增多了，对法律信息的需求也迅速高涨。越来越多的读者到图书馆寻找法律信息，图书馆也有必要为读者提供相关信息。越来越多的图书馆在主页上设置各种法律信息服务栏目，如：按主题分类的资料、已判案件的查找方法、法令的查找方法、相关链接、法律相关期刊清单、免费法律咨询研讨会、调查方法说明（PATHFINDER）、法律相关参考咨询案例集等。

6.3 图书馆发布信息型服务的课题与展望

6.3.1 课题

发布信息型服务的基本概念是"信息公开"。很多图书随着时间的流逝湮没在书库中，读者也几乎没有再次接触它们的机会，如果将其中著作权保护期满的图书数字化，并向大众公开的话，会让很多书再次被读者所用，为创造出新知识作出贡献。发布信息的内容可以不仅仅为著作物，还可以包括图书馆各种各样的日常活动，即使此内容有可能会损害图书馆的利益，也应该

---

① ビジネス支援図書館推進協議会. http：//www.business‐library.jp/,（参照 2012‐02‐11）.

及时向读者发送。换言之，应该建立图书馆信息公开制度。

因此，预判各种各样的用户需求，缩小用户之间的信息差距，是图书馆的重要使命。在这点上，图书馆与其他机构的合作尤为重要。图书馆的这项服务根据服务对象的不同，可以列举以下四个课题：

①儿童服务对策……公共图书馆的儿童、学生读者很多，需要为他们准备专门的图书馆网页"儿童主页"（也有图书馆称为"儿童专用主页"、"儿童房间"、"少儿主页"）。有必要跟学校图书馆合作，扩展服务对象覆盖的范围。

②外国人服务对策……图书馆的读者不仅有日本人，还包括定居日本的外国人、短期逗留的外国人、留学生等。为了在国际化潮流中加强与国外的联系，也有必要准备图书馆的外语（尤其是英语）网站。

③视觉障碍人士服务对策……为了向视觉有障碍的人士、高龄人士、低学年儿童简单易懂地传递信息，还有必要在网页上设置语音服务，或使主页通过阅读援助工具将文字放大等。此外，为了让所有读者都能够顺利使用图书馆网页，在制作时需要遵守 web 内容可访问性指南①。

④学校服务对策……有必要专门制作网页，对面向学校的服务进行说明，向幼儿园、小学、中学的负责人说明如何提供学校访问（图书馆上门服务）、图书馆参观、团体外借等服务。

此外，除了通过电脑浏览图书馆网页的读者，还有很多人会用智能手机、移动电话等访问图书馆主页，所以有必要制作面向移动设备的网页。移动设备网页的链接方法除了输入地址外，还有扫描二维码（denso wave 股份公司的注册商标 qr 码），需要让网页能够通过二维码进行访问。

最后，为了稳定地提供图书馆发布信息型服务，以备不时之需，以及从存档角度进行长期保存管理，有必要定期对图书馆 web 进行备份。另外，由于图书馆 web 经常会更新，如果能采取措施，对每次更新（修订）情况进行一目了然的记录，将会让读者使用起来更加便利。

---

① W3Cウェブコンテンツ・アクセシビリティ・ガイドライン1.0. ZSPC information for Accessible Web Design. http：//www.zspc.com/documents/wcag10/，(参照 2012 - 02 - 11)。

6.3.2 展望

图书馆 web 发送信息型服务极其重要，可以定位为图书馆在网络时代生存下来的战略之一。因此，需要进一步提高与互联网的亲和性，继续扩展服务。在这项服务中，图书馆在目前和将来应该始终如一做到的是：认清读者的需求，及时为读者提供所需要的服务，高效为读者提供导航服务。

最近，一些图书馆将演讲、研讨会等活动视频在视频共享服务网 ustream 上直播，为不能到现场参加活动的人提供了方便。目前，很多人能通过 ustream 参加会议，或获取会议信息。在 ustream 上，很多人能同时观看一个视频，并且还能与 twitter 联动，因此，可以说 ustream 是一种涵盖 sns、范围更广的发布信息型服务。

在上面列举的发送信息型服务的清单中介绍过的 sns，能够将图书馆与读者连接起来，如果灵活使用的话，可以将更多非到馆的读者与图书馆联系在一起。但是，sns 有一些负面作用，例如，用户可能会发表一些草率的言论，导致图书馆受到非议，如果不及时处理的话可能会形成骂战。因此，在利用 sns 的时候需要在内部制定对评论进行审核的规定。一旦发生灾害，sns 因为能让使用的双方进行交流，在传播信息的时候具有传播速度快、范围广的特点，比起其他的发布信息型服务更具优势。sns 能将到馆与非到馆的读者联系在一起，图书馆必须灵活利用 sns 这个交流工具。

在今后，通过图书馆 web 进行的发布信息型服务，在为图书馆带来正面评价（品牌效应）方面将会起到越来越重要的作用。如果发布质量高的内容，会被链接到很多网站，在搜索引擎中也能获得较高的评价。在不知不觉中，图书馆的网站已经成为提高评价（品牌）的关键所在。

第7章 用户教育的现状与展望

7.1 何谓用户教育

图书馆举行的用户教育（也叫做利用教育 library user education）包括：入馆教育（library orientation）、指南（guidance）、信息素养（information literacy）教育等。

广义的用户教育（user education, library instruction）能指导读者更地有效的利用图书馆系统[1]。用户教育的目的在于：将读者引导到图书馆，通过概要表示图书馆的设施、设备、资料等，向读者传授如何灵活使用图书馆文献、信息的知识和技能，以促进读者更好地使用图书馆。"图书馆利用教育指南"将用户教育划分为五个领域：①加深读者印象，②服务指南，③指导信息探索法，④指导信息整理法，⑤指导信息表达法5个方面[2]。

在小学及大学里，入学、毕业、学年、学期等周而复始，图书馆按照这种循环往复的规律，开展如何利用图书馆、如何灵活使用文献、信息等内容的用户教育，形式、内容易于固定，相关活动开展得有声有色。

近年来，随着信息通信技术的迅速发展与普及，以及信息数字化进程的加快和学科范围的增加，图书馆工作也受到了很大的影响。信息数字化不仅为一直以来的用户教育，还为之后的信息素养教育的展开都开创了新的局面。

---

① Tiefel. Virginia G. Library user education; examining its past, projecting its future. LIBRARY TRENDS. 1995. vol. 44, no. 2, p318–338. (http://www.access-mylibrary.com/article-1G1-17726342/library-user-education-examing.html).

② 日本図書館協会利用者教育委員会編. 図書館利用教育ガイドライン合冊版 図書館における情報リテラシー支援サービスのために. 日本図書館協会, 2001, p81.

7.2 用户教育发展史

7.2.1 美国的用户教育发展历史

1）初期微动

1881年，在美国图书馆协会（ALA）举办的会议上，鲁滨逊（Otis Hall Robinson）首次明确提出，用户教育是图书馆工作的内容之一[①]。鲁滨逊提出，用户教育的目的是：除了锻炼学生自己判断书本价值的能力，让学生成为独立的学习者，更重要的是要让学生养成读书学习的习惯，成为能进行终身学习的人。这些都与现代信息素养教育的理念相通。

蒂费尔（Virginia E. Tiefel）指出，在19世纪20年代，哈佛大学曾经开设课程讲授图书馆员如何利用图书馆开展学术活动。印第安纳大学、哥伦比亚大学也开设了同样的课程。到了1850年之后，密歇根大学、欧柏林大学等超过20所学校均开设了如何利用图书馆进行学术研究的课程或讲座[②]。但是，到了20世纪初期，这些早期作为先驱，致力于用户教育的大学在这方面的活动基本上都停滞了。

用户教育从19世纪60年代开始迅猛发展，到了1910年左右又迅速停滞。赫农（Peter Hernon）认为产生这种现象的原因是，19世纪末的社会变化及技术革新对教育的方法论与目标产生了影响，这成为图书馆用户教育衰退的重要原因[③]。

2）1960–80年代

20世纪50年代至60年代，大学和研究生院的数量剧增。在大学图书馆，各个学科领域的专业化与跨学科进程加快，以研究生和教师为对象开发的图

[①] Tiefel. Virginia G. Library user education: examining its past, projecting its future. LIBRARY TRENDS. 1995. vol. 44, no. 2, p318–338. (http://www.access-mylibrary.com/article-1G1-17726342/library-user-education-examing.html).

[②] Hardesty, L.: Tucker, J, M. "An uncertain crusade: The history of library use instrucation in a changing education environment "Academic librarianship past, present, and future: A Festschrift in honor of David Kaser. Libraries Unlimited, 1989, p97–111.

[③] Hernon, P. Instruction to the use of academic libraries: A preliminary study of the early years as based on selective extant materials. Journal of Library Histories. Vol. 17, no. 1, p16–38.

书馆系统较为复杂，而大学生人数大量增长，有必要让本科生也了解、使用这些系统，因此在七十年代，图书馆用户教育受到了空前的关注。

正如马歇尔（A. P. Marshall）指出的①，当时图书馆用户教育备受关注的表现有：1971 年 LOEX（Library Orientation Exchange）的设置②，ACRL（Association of College and Research Libraries）的文献使用指导专门工作组的成立与指南的发刊③（1977），Council for Library Resources（美国图书馆振兴财团）与 National Endowment for the Humanities（美国人文科学基金）资助 50 多所大学开发图书馆用户教育课程。面对各学科快速发展产生的海量化信息，图书馆强烈地意识到用户教育的必要性。

但是，正如格文（N. G. Gwinn）指出的，60 年代之后，图书馆用户教育项目在确立的过程中，欣欣向荣的背后也面临着很多困难，如：因为学校决策者与教师的疏离导致的教师的不配合、计划欠缺等④。90 年代托马斯（J. Thomas）开展的调查也证实了这种倾向。在某个州立大学，托马斯就图书馆文献探索指导对教师进行了调查。结果显示，很多教师认为"一般来说，对学生提高寻找图书馆传统或电子资源的技能不承担责任"⑤。

3）"信息素养最终报告书"（1989 年）

到了 20 世纪 80 年代，美国图书馆界在进行用户教育的时候，前所未有地重视以用户、学习者为中心以及用户友好，一直以来的文献探索指导也被重新定义为信息素养教育。1987 年，美国图书馆协会（ALA）设置了由主席直接管辖的信息素养咨询委员会，1989 年发表了《最终报告书》（Presidential

---

① Marshall, A. P. "This teaching /learining thing: librarian as educator " Academic libraries by the year 2000. 1977, p50 – 63.

② Clearinghouse for library instructuin : About LOEX. LOEX. http：//www. emich. edu/public/loex/about. html，（参照 2012 – 12 – 23）

③ Information literacy competency standard for higher education. ACRL, http：//www. ala. org/ala/mgrps/divs/acrl/standards/informationliteracycompetency. cfm，（参照 2012 – 12 – 23）. ACRL. 高等教育のための情報リテラシー能力基準. 野末俊比古訳. http：//www. ala. org/ala/mgrpsdivsstandard/infoLiteracy – Japanese. pdf，（参照 2010 – 12 – 23）.

④ Gwinn. N. E. Academic libraries and undergraduate education: The CLR experi – ence. College & Research Libraries. 1980. vol. 41 no. 1, p516.

⑤ Thomas. J. Faculty attitudes and habits concerning library instruction: How much has changed since 1982. Research Strategies. 1994, vol. 12, no. 4, p209 – 223.

Hardesty, Larry. Faculty Culture and Bibliographic Instruction: An Exploratory Analysis. LIBRARY TRENDS. 1995, vol. 44, no. 2, p339 – 367.

Committee on Information Literacy, Final Report)。

《最终报告书》最重要的一点是意识到：不仅要在大学进行信息素养教育，还要在学校教育、继续教育，甚至市民生活中都重视信息素养教育。"最终报告书"指出：在现在信息呈爆炸式增长的信息社会中，"有信息素养的人"是指"能够认识到信息价值、有能力进行有效搜索和信息评估的人。此外，《最终报告书》还分析了当时的状况：①信息素养是在信息时代生存的必备技能；②大学里学生的学习大多数较为被动，教育方法基本上未受到信息化的影响；③学校或大学的教育是根据提前准备好的信息包进行的；④需要新的学习模式；⑤有必要开设新的情报学课程等[①]。

4) "信息素养发展报告"（1998 年）

以《最终报告书》为契机，美国各地采取了各种各样的用户教育措施。在 10 年之后的 1998 年，美国又发布了《信息素养发展报告》（A Progress Report on information Literacy），指出在《最终报告书》发布之后不久就设置了论坛（The National Forum on Information Literacy），此论坛由最初的小规模组织逐步成长为由政府机关、教育机关、企业等 65 个团体（旗下超过 500 万人）参加的庞大组织，并介绍了论坛成员在各自领域取得的信息素养教育活动成果以及今后的目标。

《发展报告》呼吁举国展开信息素质教育，共享成功与失败的例子，并努力展开活动。如果这些努力有成效，则无论谁都可以成为能灵活使用信息的优秀的终身学习者。而在不久的将来，具有信息素养的新一代市民才是国家最宝贵的资源。所以，信息素养教育的进一步展开被寄予厚望[②]。

5) "高等教育信息素养能力标准"（2000 年）

ACRL（美国大学图书馆协会 Association of College and Research Libraries）2000 年发表了《高等教育信息素养能力标准》，指出信息素养能为终身学习打下基础，适用于所有的学科领域、学习环境、知识水平。此外，还设置了 5

[①] The American Library Association's (ALA). Presidential Committee on Information Literacy, Final Report. ACRL (Association of College & Research Libraries). http://www.ala.org/ala/mgrps/divs/acrl/publications/whitepapers/presidential.cfm, （参照 2010 - 12 - 23）.

[②] A Progress Report on Information Literacy: An Update on the American Library Association Presidential Committee on Information Literacy: Final Report. ACRL (Association of College & Research Libraries). http://www.ala.org/ala/mgrps/divs/acrl/publications/whitepapers/progressreport.cfm, （参照 2010 - 12 - 23）.

项标准、22项执行指标。具备信息素养的学生能够做到以下几点：①

①确定所需信息的范围

②能够高效准确地获取所需信息

③能够对信息与信息源进行批判性的评价

④能够将选定的信息融入到个人的知识结构中

⑤能够为达成特定目标而高效利用信息

⑥能够理解与信息利用相关的经济的、法律的、社会的问题，能够在合理、合法地获取和利用信息

拥有这些信息素养的学生，能够开展自主学习，扩大知识面，以明确的依据为基础提出质疑，更加广泛的使用信息资源，为培养批判性思维能力而灵活运用各种信息资源②③。

7.2.2 应对信息环境的变化

在上个世纪90年代，信息通信技术的革新促进了信息数字化进程，网络的迅速普及与全球化迫使学术界与教育界进行思维转换（人们的思考方式及价值观发生巨变）。信息数字化与信息通信技术革命促使教育界重新审视传统教育方法。1999至2000年实施的Program in Course Redesign是一个宏大的项目，这个项目的主题是，如何在大学教学中引入信息通信技术，以提高教学质量并减小教学成本④。此外，还对大学的学习意义、学习方法、教学方法进行了讨论。

---

① Information literacy competency standard for higher education. ACRL (Association of College & Research Libraries). http://www.ala.org/ala/mgrps/divs/acrl/standards/jnformationliteracycompetency.cfm, (参照 2010-12-23).

ACRL. 高等教育のための情報リテラシー能力基準. 野末俊比古訳.
http://www.ala.org/ala/mgrps/divs/acrl/standards/lnfoLiteracyJapanese.pdf, (参照 2010-12-23).

② Reed, Jeffrey G. Information Seeking-behavior in college students using a library to do research: a pilot study H. Towson State College, 1974.

③ Rader, Hannelore. Background of report. LIBRARY TRENDS. 2002, v01.51, no.2, p242-259.

④ The PEW grant program for course redesign: Center for academic transformation. at Rensselaer Polytechnic Institution. http://www.thencat.org/PRP/PCRarchives/GrantGde.pdf.

S.G, Ehrmann. New Technology, Old Trap. Educom Review. 1995-9-.

7.2.3 作为"场所"的图书馆

思维转换也同样适用于重新审视信息与图书馆之间的关系。图书馆不单单作为阅读与借还书籍的地方,还成为研究者能进行学术交流和共同学习的场所。罗格斯大学在1996年设立了学术交流中心(Center for Scholarly Communication)①。之后,在美国各地的大学都设立了Information Commons②。越来越多的大学图书馆甚至设立了Learning Center, Writing Center。

从这些动向可以看出,图书馆作为"场所"的作用发生了变化。过去,图书馆是信息存取的场所,以及信息中介人员即图书馆员的活动场所,现在则成了以用户为中心的信息活动场所,具备了信息学习与教育场所的功能。关于要了解图书馆未来如何扩展"信息学习、教育"功能,可以参考米泽的评论。③

7.3 用户利用行为的变化

到了21世纪,图书馆作为用户信息服务场所发挥的作用越来越明显,信息资源数字化与网络环境的逐步完善给图书馆带来了巨大的影响。Healy(Ray Waston Healy)关于大学生信息获取行为的报告显示,以下几个特点尤为明显:①不依赖于图书馆员,自身寻找信息的倾向增加;②越来越依赖在线检索;③通过peer to peer(通过互联网互相交换电脑上的数据)的方式共享信息;④信息从集中购买到个别购买的倾向加剧;⑤随时随地地根据需要

---

① Scholarly Communication Center. Rutgars UniversityLibrary. http://www.scc.rut9ers.edu/sc-chome/. (参照2010-12-23). Linda, Langschied. ラトガーズ大学学術交流センターの理念と設立過程. 電子化される情報と図書館 日米図書館会議1996会議録. 松下鈞編. 紀伊国屋書店,1997, p31-38.

② ② Miller, Michael. Arlticipating the Future: The University of Michigan's Media Union. Library HiTech. 1998, vol. 16, no. l. p91. Hughes. Carol Ann. Facework: A New Role for the Next Generation of Library-Based Information Technology Centers. Library Hi Tech. 1998, vol. 16, no. 3-4. p27. Beagie, Donald. Conceptual-izing an Information Commons. Journal of Academic Librarianship. 1999-3, vol. 25, no. 2, p82. Halbert. Martin. Lessons from the Information Commons Frontfer. Journal of Academic Librarianship. 1999-3. vo. 25, no. 2, p90.

③ 米澤誠. CA1668—研究文献レビュー:学習・教育基盤としての図書館. Current Awareness Portal. http://Ctuirrent.ndl.go.jp/ca1668. (参照2010-12-23).

寻求信息的趋势不断上升；⑥"最合适的信息"转变为"差不多"就满足①。

此外，科研人员寻求信息的行为也从到图书馆逐渐变成通过网络进行远程访问。根据华盛顿大学图书馆进行的调查报告，在1998年至2007年之间，教师利用信息的行为发生了以下变化：每周使用图书馆的教师人数呈逐渐下降的趋势，人文社会学专业从15%减少到9%，医学医疗专业从17%减少到9%，科学技术专业从25%减少到9%。本科生减少的比率较少，仅从23%减少到20%。此外，仅通过到馆来寻找信息的教师比例大大减少，人文社会专业与科学技术系从10%减少到1%，医学医疗专业从6%减少到0%。相反，不去图书馆而是仅仅使用远程服务的人数比例显著上升：人文社会学专业从23%上升到47%，医学医疗专业从45%上升到87%，科学技术专业从26%上升到72%。

另外，仅到图书馆寻找信息的学生从35%下降到27%，仅利用远程访问的学生从7%上升到14%②。在21世纪前十年，人们的信息利用行为已经发生了急剧的变化，亟待对之前实施的用户教育进行彻底的、及时的反省，并采取相应的应对措施。

7.4 日本开展用户教育的情况

7.4.1 1960—1970年代

在日本，对新入学大学生使用图书馆的培训始于20世纪60年代。根据桥洋平的报告，在20世纪60年代，仅有几所大学开展培训，在1980年和1985年，分别形成了两次培训高峰。1990年后开始迅速普及，到了2002年，全日本已有90%以上的大学实施新了入学大学生图书馆使用培训计划。

桥洋平还指出，在医学、药物等专业主题较为鲜明的大学，较早开展图书馆使用培训，除了图书馆使用方法之外，培训内容还包括文献探索指南。③

---

① Healy. Leigh – Watson. The Evolving Content User：How Libraries will need to adapt to serve a new kind of patron. KIT – CLIR International Roundtable for Library and Information Science；KIT – LC 2004.

② Preliminary highlights presentation to UW Libraries Council on July 26, 2007, http://www.lib.washington.edu/assessment/surveYs/survey2007/default.html.

③ 橘洋平. 大学·高専図書館における情報リテラシー教育調査報告書. 2002 – 10 – 28
http：//www.geocities.co.jo/CollegeLife.Club/4479/，(参照2010 – 12 – 23).

长谷川由美子的报告也证实了这个现象①。

7.4.2 作为开展"调查式学习"场所的中小学图书馆

在1996年（平成8年）第15期中教审答辩②中，就信息教育提到了以下几点相关内容：①构建信息教育体系；②利用信息通信网络从本质上改善学校教育；③构建能适应高度信息化社会的"新学校"；④ 培育能克服信息化不良影响、进行信息调查的人才，培养学生信息道德观念等。

1997年（平成9年）11月，在经济对策阁僚会议上发布的紧急经济对策③中也提到了教育信息化。此外，关于教育信息化，文部科学省在修订教育课程标准④时，提出设立"综合学习时间"，在新学习指导要领⑤中明确规定，1999年（平成11年）之前，公立学校必须购置教学用PC，此规定于2002年4月（平成14年）开始（中学从2003年4月）实施。在阅读辅导的基础上增加了"调查式学习辅导"的功能，中小学校图书馆的作用迎来了新的阶段，致力于用户教育或为必不可少的工作内容。有关信息教育文教新政策的展开背景，坂元在其文章中有总体论述⑥。

7.4.3 对高校图书馆的期望

从1993年到2003年，日本出台了很多文件反复要求高校图书馆迅速适应与应对信息数字化与全球化，如：1993年（平成5年）文部省学术审议会

---

① 長谷川由美子. 国立音楽大学図書館における利用者教育. 医学図書館. 1997, vol. 26, no. 4. 長谷川由美子. 大学図書館の教育的機能と利用者教育. 塔. 1980, no. 20.
② 文部科学省中央教育審議会. 21世紀を展望した我が国の教育の在り方について（第一次答申）子供に「生きる力」と「ゆとり」を. 文部科学省. 1996-7.
http：//www. mext. 90. iP/b_ menu/shingi/chuuou/toushin/960701. htm,（参照2010-12-23）.
③ 「21世紀を切り開く緊急経済対策（抄）」http：//www. mlit. go. jp/crd/city/mint/library/h9policy. htm,（参照2012-02-10）.
④ 文部科学省教育課程審議会. 幼稚園. 小学校. 中学校. 盲学校. 聾学校及び養護学校の教育課程の改善について（答申）. 文部科学省. 1998-07-29. http：//www. mext. go. io/b_ menu/shingi/12/kyouiku/toushin/980701. htm,（参照2010-12-23）.
⑤ 文部科学省初等中等教育局教育課程課. 現行学習指導要領. 文部科学省. 2003-12-26. http：//www. mext. go. jp/b_ menu/shuppan/sonota/990301. htm,（参照2010-12-23）.
⑥ 坂元昂, 情報教育に関する文教政策の展開. 日本教育工学雑誌. 1998, vol. 22（Supple）. no. 1-4.

的报告①，1995 年的"有关研究信息资源的未来构想"②，1996 年的学术审议会建议③，2003 年（平成 15 年）的"报告书"④等。在 2005 年（平成 17 年）的中央教育审议会答疑⑤、2008 年的答疑⑥中，均认为：为了应对激烈的国际竞争，必须构建国家高等教育体系，提高高等教育政策的综合力，因此，要对大学进行改革，建立能够满足学习者多样化需要的高等教育体系，提高教育与研究的质量。

为了提高大学教育的质量，实施信息素养教育，各个大学将"教师发展"（faculty development，大学中对教研方法等的研究开发。简称 FD）义务化⑦，并进行改革，重新审视教学方法。值得一提的是，不仅图书馆注重信息素养教育，大学教师对信息素养教育的重视程度也大有提高。

根据筑波大学的《报告书；2007》，73% 的大学实施了信息素养教育。这些信息素养教育的实施形式多种多样。其中，图书馆以某种形式参与教师授课的，分为部分参与的"科目相关型"，全部参与的"科目综合型"和专门设立信息素养课程即"独立型"。此外，还有图书馆独立讲授，与正式课程无关的"图书馆培训"、"数据库使用教育"、"教育援助、论文写作援助"等⑧。

---

① 学術審議会学術情報資料分科会学術情報部会．大学図書館機能の強化高度化の推進について（報告）1993－12－16. http：//wwwsoc. nii. ac. jpanu［i/docijmentsmexthoukoku. html/，（参照 2010－12－23）．

② 科学技術・学術審議会・学術分科会，研究環境基盤部会，学術情報基盤作業部会．研究情報資源の今後のあり方について（報告）http：//www. mext. go. jp/b_ menu/shin—gi/gijyutu/gijyutu4/toushin/06041015/020. pdf，（参照 2010－12－23）．

③ 学術審議会．大学における電子図書館的機能の充実．強化について（建議）．1996－07－29. http：//www. soc. nii. ac. jpanulj/documentsmextken. html，（参照 2010－12－23）．

④ 文部科学省研究振興局情報課．学術情報発信に向けた大学図書館機能の改善について（報告書）2003－03－17. http：//www. soc. nii. ac. jp/anul/i/documents/mext/kai－zen. pdf，（参照 2010－12－23）．

⑤ 中央教育審議会．我が国の高等教育の将来（答申）．文部科学省．2005－01－28. http：//www. mext. go. jp/anul/b_ menu/shingi/chukyo/chukyoo/toushin/05013lOl. htm，（参照 2010－12－23）．

⑥ 中央教育審議会．学士課程教育の構築に向けて（答申）．文部科学省．2008－12－24. http：//www. mext. go. jp/b_ menu/shingi/chukyo/chukYoO/toush'n/1217067. htm，（参照 2010－12－23）．

⑦ 大崎仁．アルカディア学報 No. 335 FD を考える　義務化と今後の課題．日本私立大学協会 2008. http：//www. shidaikyo. or. iP/riihe/research/arcadia/0335. html，（参照 2010－12－23）．

⑧ 筑波大学編．今後の大学像の在り方に関する調査研究（図書館）報告書　教育と情報の基盤としての　図書館：2007. 2007－03．
　　http：//www. kc. tsukuba. ac. jp/div－cmnPdf/future－Iibrary. pdf，（参照 2010－12－23）．

根据文部科学省发布的《平成 21 年度 学术信息基础实态调查结果报告》①，日本 94％的公立与私立大学实施了信息素养教育（760 所大学中的 714 所大学）。教育内容包括：利用校内 LAN 的必要工具与操作（556/73％），伦理、礼仪（496/62％），应用与数据库的使用方法（470/62％），信息安全（436/57％），信息检索技术（396/52％），以及其他（278/37％）。

仅仅从这些数字看，大学实施的信息素养教育内容已经有所改变，更加偏向于计算机信息素养教育。有关日本信息素养教育的研究文献，在野末俊比古的《用户教育 以信息素养为中心》中有详细的介绍②。

7.4.4 公共图书馆开展的用户教育

中央教育审议会答疑（2008 年）③ 中提出，对于公共图书馆，列举了以下内容：一要制定新的法律法规，以应对信息通信技术发展，二要提高帮助所在地区及居民解决问题的能力，加强对学校图书馆的援助等。为达到这一要求，日本于 2008 年修订了图书馆法，出台了相关规定，并修订了《公共图书馆的设置及运营标准》④。在"地方图书馆服务能力提高支援项目"调查结果报告中介绍了一些可供参考的事例⑤，此外，"图书馆海援队"⑥ 项目的各项工作也在不断推进⑦。

---

① 文部科学省研究振興局情報課．報道発表 平成 21 年度「学術基盤実態調査」の結果報告について．文部科学省．2010 - 07 - 09．http：//www.mextgo.jp/b_menu/houdou/22/07icsFiles/afieldfile/2010/07/15/1295790_1.pdf，（参照 2010 - 12 - 23）．

② 野末俊比古．CA1514 - 研究文献レビュー 利用者教育 情報リテラシーとの関係を中心に．Current Awareness Portal．2003 - 12 - 20．no.278，http：//current.ndl.go.jp/ca1514，（参照 2010 - 12 - 23）．

③ 文部科学省中央教育審議会．新しい時代を切り拓く生涯学習の振興方策について～知の循環型社会の構築を目指して～．2008 - 02 - 19．http：//www.mext.go.jp/b_menu/shingi/chukyo/chukyoO/toushin/080219 - Ol.Pdf，（参照 2010 - 12 - 23）．

④ 文部科学省生涯学習政策局社会教育課図書館．「図書館の設置及び運営上の望ましい基準」についての報告（案）．文部科学省．2010 - 02 - 04．http：//www.mext.go.jp/b_shingi/chousa/shougai/019/shiya/attach/1290139.htm，（参照 2010 - 12 - 23）．

⑤ 文部科学省生涯学習政策局社会教育課図書館振興係．「地域の図書館サービス充実支援事業」に関する調査結果報告書．文部科学省．2009 - 03．http：//www.mext.go.jp/a_menu/shougai/tosho/houkoku/1282544.htm，（参照 2010 - 12 - 23）．

⑥ 图书馆海援队：2010 年成立，由部分图书馆、公共就业办公室等相关机构组成，帮助贫困地区解决医疗、福利、法律等问题的组织。——译者注

⑦ 文部科学省生涯学習政策局社会教育課．「図書館．公民館海援隊」プロジェクト．文部科学省，http：//www.mext.go.jp/a_menu/shougai/kaientai/1288450.htm，（参照 2010 - 12 - 23）．

公共图书馆的用户教育与学校图书馆、大学图书馆不同，读者差异非常大，分布在不同的年龄层次，所以要进行用户教育比较困难。野末这样论述到："按图书馆的种类来看，几乎没有有关公共图书馆、专门图书馆的文献"[①]。但是，如果从另外一个角度看公共图书馆的活动，就会发现公共图书馆其实也进行了各种尝试，比如：

1）图书馆探索之旅

市川市图书馆[②]在"图书馆探索之旅"活动中，持续进行参观馆内设施、设计馆内签名等活动。三泽市立图书馆与宫崎市立图书馆也举办馆内参观活动"图书馆探索之旅"，以及通过类似于游戏的形式介绍书库或书架上的资料。新泻市立中央图书馆与吉田町立图书馆举办让孩子们根据某一主题寻找相关资料，再让孩子们介绍给自己的伙伴，带动别的孩子再来找书的活动。

2）探路者

以北海道道立图书馆[③]为首，日本公共图书馆展开了"探路者"活动，即围绕某一特定主题，说明相关文献信息的查询方法或提供文献介绍等[④]。有的公共图书馆很难在特定的时间和空间对读者进行使用说明的介绍，所以大力推广能代替使用说明的 pathfinder。这些活动除了在馆区内展开，还在网页上公开，或是以在线课程的形式公开。

---

① 野末俊比古. CA1703 - 研究文献レビュー：情報リテラシー教育：図書館. 図書館情報学を取り巻く研究動向. Current Awareness Portal. 2009 - 12 - 20. no. 302. http：//current. ndl. go. jp/ca1703，（参照 2010 - 12 - 23）.

② 市川市立図書館　中央図書館・こどもとしょかん施設概要（図書館探検ツアー）. 市川市立中央図書館. 2010 - 03 - 30. http：//www. city. ichikawa. lg. jp/library/info/1012. html，（参照 2010 - 12 - 23）.

市川市立中央図書館. メディアパーク・アートの世界（図書館探検ツアー 2）2010 - 04 - 14. http：//www. city. ichikawa. lg. jp/Jibrary/guide/1010. html，（参照 2010 - 12 - 23）.

市川市立中央図書館. 館内サインのデザイン（図書館探検ツアー 3）2010 - 03 - 29. http：//www. city. ic hikawa. lg. jp/library/guide/1011. html，（参照 2010 - 12 - 2）.

③ 北海道立図書館情報探索ガイド（パスファインダー）. 北海道立図書館. 2010 - 03 - 26. http：//www. library. pref. hokkaido. jp/web/reference/clulnh000000006hm. html，（参照 2010 - 12 - 23）.

④ 国立国会図書館リサーチ・ナビ：公共図書館パスファインダー・リンク集. 国立国会図書館. 2010 - 04 - 30. http：//rnavi. ndl. go. jp/research_ guide/pubpath. php，（参照 2010 - 12 - 23）.

7.5 各种用户教育活动

以下会概要介绍学校图书馆、公共图书馆与大学图书馆展开的用户教育活动。

7.5.1 迎新活动

"图书馆用户教育指南"中提到的①加深用户印象和②介绍图书馆服务这类用户教育活动,多是在新生入学时作为迎新活动开展的。桥洋平的报告显示:这种迎新活动中,有80%是由学校作为新生活动项目之一开展的,有34%是由图书馆自己策划实施的(总量之所以会超过了100%,是因为部分活动是由大学和图书馆共同实施的)。

在新生培训使用的资料和媒体中,"图书馆利用指南"占80%,培训教师"自制的资料"占69%,图书馆主页占27%。曾经经常被利用的幻灯片也由powerpoint替代。场地在图书馆的为57%,在体育馆或者讲堂的为39%,在教室的为38%。[①] 有时候还会实地进行图书馆参观。

在上个世纪60年代后半期到70年代之间,国立音乐大学附属图书馆的举措[②]是这个时期新生培训最具有代表性的例子。国立音乐大学附属图书馆在对入学新生介绍学校的时候会穿插进图书馆的说明,还会按学科将新生们集中在大教室,放映8 mm的自制胶片(之后改为视频),加深新生对图书馆的印象,然后口头对图书馆的设施、设备、检索方法、手续等进行详细说明。1978年,图书馆对新生培训的方式重新进行了评估,只保留了促进新生利用图书馆的部分,以及分发图书馆使用说明。

从1979年开始,音乐大学的新生培训形式发生了新的变化。新生只要在入学初的教务指导周中抽任意两天的时间,集中到固定的教室,提交读者卡申请书,就可以观赏图书馆自制的视频。视频旨在强调在音乐大学学习与图书馆的关系,加强新生对图书馆的印象。视频会向新生展示图书馆种类齐全、数量巨大的馆藏资料,齐全的设备及器械,以及通过对在校师生的采访,给

[①] 橘洋平．大学・高専図書館における情報リテラシー教育調査報告書．2002 - 10 - 28 http: //www. geocities. co. jo/CollegeLife. Club/4479/,(参照2010 - 12 - 23).

[②] 長谷川由美子．大学図書館の教育的機能と利用者教育．塔．1980,no. 20.

新生留下这样的印象：在音乐大学学习，图书馆是不可缺少的。之后，会让新生到图书馆进行参观，参观完后在出口处就能取到读者卡。

近年来，很多图书馆因为各种原因取消了新生入学时的图书馆培训，这些原因包括：入学时与教务相关的指导过多，在这个时候举行图书馆培训效果欠佳，以及人手不够、难以对大量新生进行培训等。

7.5.2 虚拟图书馆之旅

也有一些图书馆引进了由音频、图片或视频制作成的虚拟（放在互联网上，对图书馆进行说明和引导的视频）图书馆之旅。像很多美术馆与博物馆一样，千叶大学的附属图书馆亥鼻分馆，就在馆内通过 Podcast 向读者提供虚拟图书馆之旅服务。只要在接待柜台处借出 ipod，取到读者指南，站到馆内各个专门设置的听取点，就能通过耳机听取对某个设施与服务相关的介绍。学生们也可以利用互联网体验虚拟图书馆之旅。①

哈波学院图书馆在 YouTube 上设置有网站，上传了图书馆之旅和用户讲述图书馆印象的视频。② 除这两个图书馆之外，还有其他很多图书馆也提供虚拟图书馆之旅服务③。

7.5.3 信息检索方法指导（文献检索）

在"图书馆用户教育指南"中的③信息检索方法指导，在实际工作中多为就某个主题的文献检索法，或某个特定的数据库的使用方法给予指导。从上个世纪 70 年代起，某些医药专业、音乐专业的大学图书馆，就开始开展某个主题领域的资料介绍、参考文献介绍或指导如何使用数据库等活动。

---

① 千葉大学附属図書館亥鼻分館．ポッドキャスト@千葉大図書館．2011-02-28. http：//bcast-chibau.seesaa.net/category/6346lll_l.html，（参照 2010-12-23）．

② Harper College Library. You Tube. 2007-12-13. http：//www.youtube.com/watch? v = JHljR4LYmOA，（参照 2010-12-23）．Harper college Library. YouTube. 2011-02-07. http：//www.youtube.comuserHarperCo｜legeLibrary，（参照 2010-12-23）．

③ University of Glasgaw. Law Library. University of Glasgow. http/www.gla.ac.uk/services/library/howtofindinformation/whatsyoursubject/Jaw/lawvideos/，（参照 2010-12-23）．Williams College Library. You Tube. 2006-08-02.
http：//www.youtube.com/watch? y = jtOLHnwfc&feature = related，（参照 2010-12-23）．Salt Lake County Library. You Tube. 2007-06-25. http：//www.youtube.com/watch? v = 3PWq_6s - IJY&feature = related，（参照 2010-12-23）．

随着卡片目录被 opac 目录所取代，信息海量化，数据库的大量构建以及在线检索的普及，图书馆的信息探索法指导的主流逐渐成为 opac 检索指导与数据库检索指导。

opac 检索指导作为导入期的用户教育非常重要。opac 指导如果采用读者在终端上进行实际操作的方式会非常有效，但是受到指导场地面积与操作终端数量的限制，如果人数太多的话会大大削弱教学效果，因此，也有很多图书馆准备了在线自助教学课程。

前面所述的哈波学院图书馆、北卡罗来纳州大学的夏洛特分校图书馆都提供 opac 目录检索的视频①。但是，并不是所有的信息都能在网络上检索，所以针对某些专业领域，图书馆也指导用户如何利用纸质参考文献。

7.5.4 数据库检索培训

在大学图书馆举行的数据库培训中，有些收费数据库是由数据库方面的负责人到馆进行培训，较为引人注目的数据库有：日经テレコン21、EOL、法律信息数据库、LEX/DB 等②。

近年来，由数据库提供方开展的培训越来越多。东京大学信息基础中心举办的 13 场"信息检索培训"中，关于 SciVerse Science Direct（艾斯维尔）、Web of Science（汤森路透）、EBSChose（EBSC）、EndNote web（汤森路透）、My EBSChose（EBSC）五个数据库的培训都是由各自的提供商进行的③。独

---

① Harper College Library. You Tube. 2009 – 01 – 28. http：//www. youtube. comuserHarperCollegeLibrary#p/a/u/2/FAZdUMOHPok，（参照 2010 – 12 – 23）. University of North Carolina Char l otte. You Tube. 2008 – 05 – 07. http：//www. you – tube. com/watch？v = 6WHRAONe3lO&feature = related，（参照 2010 – 12 – 23）.

② 情報基盤センター学術情報リテラシー係. 東京大学情報基盤センター. GACoS（Gate – way to Academic Contents System）. http：//www. dl. itc. u – tokyo. ac. jp/gacos/training. html，（参照 2010 – 12 – 23）.
獨協大学図書館. 獨協大学. 2011 – 08 – 04. http：//211. 125. 117. 60/news2010/0507_ 03. html，（参照 2010 – 12 – 23）.
千葉商科大学図書館. 千葉商科大学. http：//www. cuc. ac. jp/current/updatearea/all/2008/11/post – 69. html，（参照 2010 – 12 – 23）.

③ 情報基盤センター学術情報リテラシー係. 東京大学情報基盤センター. GACoS（Gate – way to Academic Contents System）. http：//www. dl. itc. u – tokyo. ac. jp/gacos/training. html，（参照 2010 – 12 – 23）.
獨協大学図書館. 獨協大学. 2011 – 08 – 04. http：//211. 125. 117. 60/news2010/0507_ 03. html，（参照 2010 – 12 – 23）.
千葉商科大学図書館. 千葉商科大学. http：//www. cuc. ac. jp/current/updatearea/all/2008/11/post – 69. html，（参照 2010 – 12 – 23）.

协大学图书馆举办的八个数据库培训也是这种情况（日経テレコン21、eol、LexisNexis Academic、Legalbase）①。

也有一些数据库培训是由图书馆员负责的，能较为频繁的举行，如OPAC、CiNii、报纸报道数据库、医中志Web、PubMed等数据库。但随着信息数量的不断增长，数据库检索系统越来越高级化，很多数据库的培训图书馆员已经难于应对。遗憾的是，很多图书馆的主页上挂有链接的一些收费数据库的链接（如AEP－WAA），但由于费用太昂贵，图书馆员自身难以进行使用，所以得不到推广利用。

7.5.5 信息导航（PathFinder）

相对于在某一固定的时间或空间内举行的培训而言，PathFinder作为一种不受时间与空间限制的培训与指导，备受关注。2005年9月22日，文部科学省召开了研究环境基础部会议。会议记录显示，会议曾经讨论认为PathFinder是一个有效的信息素养教育方式②。

PathFinder的字面的意思是：为寻找某个主题信息的人指路，但其实并不完全是这样。例如，千叶大学附属图书馆的"授课资料导航"（PathFinder）③是教师与图书馆员合作完成的，由学习某学科必须掌握的检索工具或推荐资料的清单构成。东京学艺大学的E－topia（PathFinder）④是小学、初中、高中的教师联合制作的，旨在帮助学生、研究者等教育相关人员了解信息，内容除了网络信息，还介绍了一些相关主题的图书。名古屋大学附属图书馆的"对信息的导航"⑤则充分体现了PathFinder的优势。

目前，积极开展构建PathFinder的工作有以下一些组织机构：北海道石狩

---

① 獨協大学図書館. http://www.dokkyo.ac.jp/library/.

② 文部科学省研究振興局情報課学術基盤整備室. 研究環境基盤部会学術情報基盤作業部会大学図書館等ワーキンググループ（第8回）議事録. 文部科学省.
http://www.mext.igo.jp/b_menu/shingi/gijyutu/gijyutu4/002_1/gijiroku/051216 0l.htm#top，（参照2010－12－23）.

③ 授業資料ナビゲータ（PathFinder）一覧. 千葉大学附属図書館. http://www.II.chiba-u.ac.jp/pathfinder/pflist_core.html，（参照2010－12－23）.

④ E∗topia. 東京学芸大学附属図書館. 2011－03－02
https://library.u-gakugei.ac.jp/eto!oia/index_p.html. （参照2010－12－23）.

⑤ パスファインダー. 名古屋大学附属図書館. 2010－06－08.
http://www.nul.nagoya-u.ac.jp/guide/literacy/index.html，（参照2010－12－23）.

管内高等学校图书馆司书业务担任者研究会①、爱知淑德大学图书馆②、私立大学图书馆协会东地区研究部③。此外，国会图书馆的 Reach Navigation（リサーチナビ）④、参考咨询协作数据库⑤也兼有 PathFinder 的功能。

7.5.6　信息表达方法指导

在"图书馆用户教育指南合订本"的领域 5 "信息表达方法指导"中，介绍了信息伦理、论文的写作方法、印刷资料的制作方法、陈述的方法等。信息素养表达能力，在大学则成为为写作报告和论文以及进行陈述、答辩而必须掌握的技能。

图书馆往往有很多参考文献的相关指南，如写作论文时如何统一参考文献的格式、如何介绍参考文献等，但直接教授论文写作方法的指南却很少，例如：横滨国立大学的"论文写作指南"⑥、鹿儿岛大学图书馆的"图书馆指南论文的写作过程"⑦ 等。原因在于，一方面，图书馆员认为很难切入到"报告或论文的写作"这一领域而有所顾虑，另一方面，教师们也有可能会拒绝或反对图书馆员在指导论文写作时具体到某一主题。

在前面所述的托马斯的调查中也可以看到类似的现象。千叶大学附属图书馆举办的"提高论文写作水平的讲座"⑧，就是由教师主讲，图书馆员仅仅

---

① 石狩管内高等学校図書館司書業務担当者研究会. パスファインダーを作ろう. 情報を探し道しるべ. 全国図書館協議会. 2005, p55. 学校図書館入門シリーズ. 12.

② 鹿島みづき，山口純代，小鳩智美. パスファインダー・LCSH・メタデータの理解と実践：図書館員のための主題検索ツール作成ガイド. 愛知淑徳大学図書館インターネット情報資源担当者編，愛知淑徳大学図書館，2005，p175. パスファインダー. 愛知淑徳大学図書館. 2011 – 06. http：//www2. aasa. ac. jp/org/lib/j/netresource_ j/pf_ i. html，（参照 2010 – 12 – 23）.

③ 私立大学図書館協会東地区研究部企画広報分科会. パスファインダーバンク. 2008 – 02 – 15. http：//www. jaspul. org/e – kenkyu/kikaku/pfb/pfb_ frameset. htm，（参照 2010 – 12 – 23）.

④ 国立国会図書館リサーチ・ナビ. 国立国会図書館. http：//rnavi. ndl. go. jp/rnavi/，（参照 2010 – 12 – 23）.

⑤ 国立国会図書館レファレンス協同データベース. 国立国会図書館. http：//crd. ndl. go. jp/jp/public/，（参照 2010 – 12 – 23）.

⑥ 横浜国立大学中央図書館レファンレンス・デスク. "論文作成ガイダンス". 横浜国立大学附属図書館. http：//wwwSb. ynu. ac. jp/event/pdf/a. pdf，（参照 2010 – 12 – 23）.

⑦ 鹿児島大学附属図書館. 図書館ガイダンス・レポート作成コース. 第 1 版，http：//kusv02. lib. kagoshima – u. ac. jp/image/manu6. pdf，（参照 2010 – 12 – 23）.

⑧ 図書館主権ガイダンス.（5）レポート作成セミナー
http：//www. ll. chiba – u. acjp/ – 9ucdance/results 2009 – 2. html，（参照 2012 – 02 – 10）.

是介绍相关的数据库。在拥有高学历的图书馆员不断增多，学校对图书馆员的学术水平的认知有所改变、图书馆员被公认为是信息素养教育专家。从大学的实际情况来看，也许千叶大学附属图书馆这种教师与图书馆员的组合也是无可厚非的。

7.5.7 自学教程

互联网通信技术促进了学习形式的多样化。很多大学都引进了自学教程，可以解决每个人学习时间、进度、能力不同的问题。职业信息中心（Vocational Information Center），提供多主题的自助教学课程（自学自习用的软件）①。很多图书馆也引进了自学教程，如澳大利亚的格里菲斯大学就引进了Library research tutorial②。

庆应义塾大学的 KITIE （Keio Interactive Tutorial on Information Education）是以1、2年级的学生为对象，让其提高信息素养的网络课程系统，目前已经公开供公众使用③。前面所述的千叶大学附属图书馆亥鼻分馆也利用 ipod 在馆内进行了尝试。此外，前面所述的哈波学院图书馆的 OPAC 检索视频也旨在为用户提供自学教程④。

也有一些大学图书馆使用 CD – ROM 或在线自助指南，以保证图书馆在人员减少、人事变动或富有经验的馆员不在的情况下，指导的内容与水平不变。通过 power point 幻灯片或一些合成软件，可以制作成各种各样的自助指南课程。

7.6 今后的课题与展望

随着信息数字化的推进，任何人都可以在任何地点、任何时候访问大量

---

① Search Engines and Search Tutorials – Vocational Information Center. httP：//www.khake.com/page8.html，（参照 2010 – 12 – 23）.

② Library research tutorial. The Library Research Tutorial introduces new, students to academic research at Griffith University. httP：//www.griffith.edu.

③ KITIE. 慶応義塾大学日吉メディアセンター. 2011 – 03.31. http：//project.lib.keio.ac.io/kitie/，（参照 2010 – 12 – 23）.

④ Harper College Library. YouTube. 2009 – 01 – 28. http：//www.youtube.com/user/HarperCollegeLibrary#p/a/u/2/FAZdUMOHPok，（参照 2010 – 12 – 23）.

信息。正这是在这样的环境下，信息素养能力尤其不可或缺。

在1998（平成10）年终身学习审议会社会教育分科审议会的《图书馆信息化的必要性与推进方案——作为所在地区开展信息化的根据地（报告）》，2001（平成13）年的《高度信息通信网络社会形成基本法》①以及《有关高度信息通信网络社会形成的重点计划》②中均提到：需要进一步推进与扩展高度信息通信网络等一体化，加强教育与学习，培养人才。

在学校，信息环境的完善与信息素养教育的充实是重点项目。e-Japan 重点计划中明确提到："要完善全国约7 000所图书馆、公民馆等的电脑等设施，同时配备一些其他能连接网络的设备"③，为国民提供IT学习的机会。但事实上，市民还不能在公共图书馆或社会教育设施中自由使用网络终端。

正如之前所述，在"未来的高等教育改革"潮流中，大学图书馆用户教育的展开将与提高本科教育课程的质量，和教师能力发展（FD）义务化紧密联系在一起。目前，已有山形大学、东北大学、名古屋大学、京都大学、同志社大学等在大学教育改革，探索如何将教师能力发展（FD）工作与图书馆工作相结合，寻求教师与图书馆员合作的模式。

为了适应时代的需求，图书馆员不应该仅仅将自己的视野局限在图书馆中，而要从大学教育改革的角度探索问题、直面问题，以实现改革的目的。图书馆的作用不仅仅是将人与书联系在一起，而应该充分发挥图书馆拥有大量资料、信息的优势，以此为中心展开各种活动，尤其是教育活动，以更加深入地开展用户教育。

本章虽然着重强调的是大学图书馆的用户教育，但由于中小学校图书馆、公共图书馆都直接与终身教育的实现相关，在这两类图书馆开展信息素养教育同样也非常重要。

---

① 高度情報ネットワーク社会形成基本法．首相官邸．http：//kanntei. go. jp/jp/it/kihonnhou/honbun. html，（参照2010-12-23）．

② E-Japan 重点計画　高度情報ネットワーク社会形成に関する重点計画．首相官邸．http：//kanntei. go. jp/jp/it/network/dai3/3siryou40. html，（参照2010-12-23）．

③ E-Japan 重点計画　高度情報ネットワーク社会形成に関する重点計画　3. 教育及び学習の振興並ぶに人材の育成．首相官邸．http：//kanntei. go. jp/jp/it/network/dai3/3siryou43. html，（参照2010-12-23）．

第8章 各种信息源的特征与利用方法

8.1 信息服务所用信息源的多样化

图书馆等信息服务机构为开展信息服务，需要各种各样的信息源。参考咨询信息源（reference source）是指在提供参考咨询信息服务，回答问题时使用的信息源，包括图书馆内与图书馆外的记录型和非记录型信息源（参考图8-1）。参考咨询资料（reference material）是指在开展信息服务的时候必需的资料。

参考咨询资料的定义为：寻找某一特定信息时，为方便调查使用而编撰的图书或构建的数据库，而非为参考（reference）使用其中部分内容需要从封面通读到后记的各种媒介[①]。

在参考咨询资料中，虽然包含了各种形式的记录介质，但长期以来，近现代图书馆一直将册子（图书形态）状的参考工具书作为重要的信息探索手段（信息源），册子状的参考工具书在参考咨询工作中占有重要地位。但是，诞生于20年代40年代的计算机大大地促进了信息处理技术的进步。灵活利用计算机，并将其作为信息探索的手段（信息源）变得日益重要。到了50年代，计算机被用于二次文献的编辑与印刷，数据库作为二次文献编辑与印刷的副产品出现了。之后，数据库储存的信息可以被计算机检索，在线的商业数据库开始发展。到了20世纪80年代，将数据库打包的数字媒体CD-ROM诞生了，90年代后半期DVD-ROM被开发出来[②]。90年代，随着网络的普及，通过网络使用商业在线数据库成为可能。2000年之后，之前一直以册子

[①] 図書館情報学ハンドブック編集委員会編．図書館情報学ハンドブック．第2版．丸善，1999，p256.

[②] 情報科学技術協会編．情報検索の基礎．第2版，日外アソシエーツ，1997，p4, 28.

状（图书形态）出版的图书开始面向数字媒体出版，电子书籍开始普及。受这种情况的影响，长期以来一直以图书形态的参考工具书形式提供服务的参考工具书被储存到各种数据库中，以在线数据库、DVD－ROM、电子书等形式开始被广泛使用。

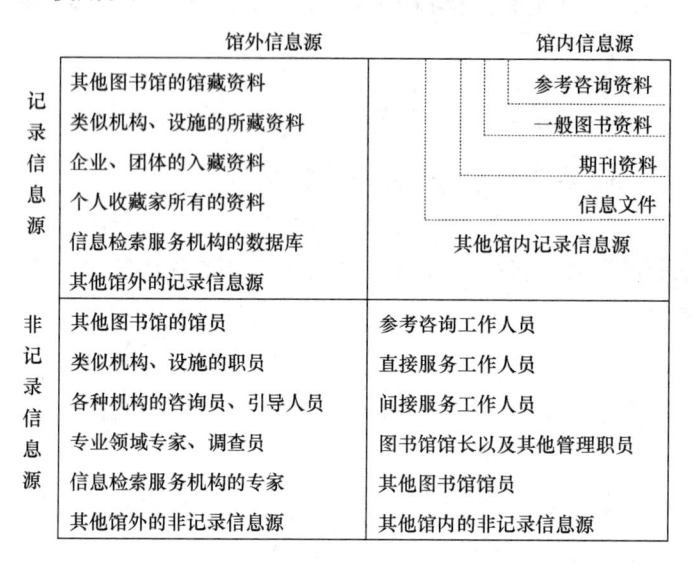

	馆外信息源	馆内信息源
记录信息源	其他图书馆的馆藏资料 类似机构、设施的所藏资料 企业、团体的入藏资料 个人收藏家所有的资料 信息检索服务机构的数据库 其他馆外的记录信息源	参考咨询资料 一般图书资料 期刊资料 信息文件 其他馆内记录信息源
非记录信息源	其他图书馆的馆员 类似机构、设施的职员 各种机构的咨询员、引导人员 专业领域专家、调查员 信息检索服务机构的专家 其他馆外的非记录信息源	参考咨询工作人员 直接服务工作人员 间接服务工作人员 图书馆馆长以及其他管理职员 其他图书馆馆员 其他馆内的非记录信息源

图 8-1　图书馆内外的信息源

（長澤雅男「レファレンスサービス：図書館における情報サービス，丸善，1995，p106.）

现在，图书馆信息服务能使用的参考咨询资料除了图书形态的参考工具书的参考咨询书，范围还迅速扩大到在线数据库、电子音像出版物、网络信息资源。在现代图书馆，需要灵活使用各种参考咨询资料（图书形态的参考工具书、在线数据库、电子音像出版物、网络信息资源），展开多种多样的信息服务。

8.2　信息服务所用各种信息源的特征

在现代信息服务中，人们可以利用各种各样的参考咨询资料。但要把握参考咨询资料的基本特点，首先应理解图书形态的参考工具书的特征，这一点非常重要。本节将首先说明参考咨询工具书的特征，其次将对图书形态之外的参考资料的特征进行说明。

8.2.1 参考咨询工具书

参考工具书（reference book）是指"在编撰过程中将信息进行缩写后编制成条目，并按一定的方式进行排列以使所收录资料易于检索的成册的资料"①。也被称为参考图书。参考工具书必须满足以下3个条件：②

①收录二次信息（内容方面）。

②根据编撰的目的对信息进行分类，有统一的表现形式，设立项目标题，根据一定的方针来排列（形式方面）。

③资料形态成册，易于参考使用（形态方面）。

第②条的标题是寻找参考工具书收录信息的线索，排列条目与标题的方式有：日语五十音图、abc顺序、年代顺序、地域顺序、体系顺序等。参考工具书虽然一般都是像③所示的具有图书形态，但随着信息处理技术的进步，其他形态的参考咨询资料有所增加。

从内容来看，参考工具书分为事实解说型与指示引导型，两者有很大的不同③。

事实解说型适合于调查各种事实、寻求解说的时候用，能直接从其中得到所需要的答案。例如：辞书（dictionary）、百科辞典（encyclopedia）、专用辞典（special dictionary）、便览（handbook）、图鉴（pictorial book）、年表（chronological）、年鉴（yearbook）、地图册（atlas）等。

在小学、初中、高中的课程学习中，事实解说型是作为学习的一个环节被使用。在小学、初中、高中的学习中，学生都有机会接触到一些参考工具书。图书馆等信息服务机构使用的解说事实参考工具书存在着多种多样的形式，很多甚至是多卷册、大部头的东西。

另一方面，指示引导型是提供寻找其他信息源的手段，其自身就提供书目数据（例如：图书的作者、书名、版式信息、出版地、出版者、出版年、总页数）等。所以说，指示引导型与事实解说型不同，并不直接提供问题的答案。指示引导型有：书目、目录、索引等。书目、目录、索引的定义

---

① 長澤雅男. 情報と文献の検索. 第3版, 丸善, 1994, p6.
② 長澤雅男. 情報と文献の検索. 第3版, 丸善, 1994, p6.
③ 長澤雅男. 情報と文献の検索. 第3版, 丸善, 1994, p18.

如下①：

• 书目（bibliography）：将能够独立构成一条书目信息的文献资料（比如：图书、杂志、小册子、胶片、磁带资料等）的书目汇总起来编撰而成的二次文献（文献清单）。能够成册的书目，是将书目信息按一定的排列方式汇总编撰而成的。

• 目录（catalog）：将图书馆或某特定馆藏中能够独立构成一条书目的特定资料（如图书或期刊）的书目数据汇总起来，并附加有所在地指示（索取号或收藏馆名称）功能的二次文献。

• 索引（index）：为了解特定文献资料（群）中包含的各种信息（比如：图书中特定的章、杂志中的一篇论文），将该信息作为项目抽取出来，并赋予其指示所在地（例如：参考位置与收藏位置）功能的二次文献。

一般来说，引导指示型参考工具书不似事实解说型参考工具书那样易于使用。要想灵活有效地使用这两种类型的参考工具书，必须熟悉掌握每本参考工具书的构成（凡例、目次、分类、索引）与内容。本系列丛书第7卷《信息服务演练》将对各种参考工具书进行详细解说。

使用参考工具书的信息检索可以被视为人工检索（manual search）。人工检索是指，为了找到目标信息，人类利用成册的目录与索引，手工（manual 使用手与眼睛）进行检索。

8.2.2 数据库

数据库（date base）是指，"将各种各样的信息储存在计算机中，并根据需要进行整理和分类"②。利用数据库能够在网络或单机环境中检索信息。在线数据库是数据库在网络环境下的利用形态。CD – ROM 或 DVD – ROM 音像电子出版物就是单机使用的数据库。20世纪60年代之后，很多长期以来以图书形式提供各种信息的参考工具书被制作成数据库，以在线数据库或音像电子出版物的形式提供服务。

使用电脑的检索被称为计算机检索（computer search）。计算机检索是指，

---

① 長澤雅男．情報と文献の検索．第3版，丸善，1994，p19.
② データベース活用マニュアル：情報検索，パソコン通信，インターネット…ビギナーからサーチャーまで．情報図書館 RUKIT，1996，p3.

利用计算机检索储存在磁带、磁盘、CD－ROM、DVD－ROM等信息媒介中的信息。计算机检索又分为在线检索与离线检索。前者是指使用在线数据库，后者是指使用CD－ROM或DVD－ROM。

从信息源来看，与手动检索相比，计算机检索（特别是在线检索）具有以下几方面的优势与劣势：

【计算机检索（在线检索）的优势】

①图书形态的参考工具书资料在发行之后难以更改已经刊登的信息或加入最新的信息，收录内容易陈旧落后，产生时间差。在线数据库可以随时更新收录内容，信息的时效性很强。

②图书形态的参考工具书只能进行人工检索，随着调查对象与范围的扩大，检索需要花费很多时间，而在线数据库由于是用计算机检索，即使检索对象与范围很大，检索时间也会大大缩短。

③如果用图书形态的参考工具书资料对某一主题进行回溯检索（retrospective search），需要查找多本资料。而使用在线数据库进行检索的话，即使调查对象的时间跨度大，也能高效进行回溯检索。

④图书形态的参考工具书在出版时是按访问点，即检索词（项目题目）决定排列方式（前组式标引法（pre－coordinate indexing）），难以对多个检索点的组合进行检索。在线数据库却有多个检索点种类，能够将多个检索点组合起来进行检索（后组式标引法（post－coordinate indexing）），具备多种检索功能。

⑤如果要利用纸质资料的检索结果，只能抄录或复印印刷资料。而在线数据库的检索结果是以数字信息的方式表现，可以下载或加工。

⑥图书形态的参考工具书（特别是指示引导参考工具书）能够通过书目数据提供必要的信息指导，而在线数据库不仅会提供书目数据，还能够提供原始信息。因此，选择使用某些种类数据库会使原始信息比较容易获取。

⑦图书形态的参考工具书很多都是多卷册、大部头且定期发行的刊物，需要长期保持一定规模的保存空间，而在线数据库是在计算机的记忆媒体上储存信息，比纸质资料节约空间。

【计算机检索（在线检索）的劣势】

①图书形态的参考工具书便于进行通篇阅览，可以随意浏览资料的内容，有可能偶尔发现某些资料。在线数据库只能显示输入检索词之后的结果，在

浏览检索方面的功能比较弱。

②纸质资料有各种各样的主题，收录时间能追溯到过去很长一段时间。在线数据库虽然也有回溯信息，但比图书形态的参考工具书回溯时间短。自然科学，人文社科领域查找过去的信息的频率较高，但目前数据库储存的信息尚不能完全满足要求。

③图书形态参考工具书，只要能有打开图书的场所和可以阅读的光线，人们就可以翻动书页就行人工检索。而在线数据库则要求人们必须在某种程度上熟练掌握信息检索技术。

④图书形态参考工具书在购入之后，使用时不再需要特别的设备。在线数据库却需要计算机等检索设备，并且必须经常维护、管理、更新。

⑤图书形态参考工具书在购买的时候需要付费，但之后不再需要费用。在线数据库却要定期支付使用经费（固定经费制），或按次支付使用经费（按次使用制）。

如上所述，计算机检索的劣势（5点）正好成为人工检索的优势，计算机检索的优势（7点）正好是人工检索的劣势。计算机检索比起人工检索有多重可能性。因此，今后以数据库的形式提供参考咨询资料会越来越多。

考虑到：①有很多主题或学科的资料仅仅存在纸质参考工具书中；②数据库收录的资料仅限于最近的数据；③纸本参考咨询资料收录的信息与数据库收录的信息不完全一致等情况。① 因此，最好是同时使用数据库或纸本资料并用，或根据情况选用不同类型的参考咨询资料。

类似于 CD‑ROM 或 DVD‑ROM 的电子音像介质通常在光盘检索的时候使用。CD‑ROM 和 DVD‑ROM 的优势和劣势大致与计算机检索的一致。只不过，CD‑ROM 和 DVD‑ROM 与纸本资料一样，难以收录最新信息，所以会存在信息滞后的问题，具有时效性不高的缺点。另一方面，CD‑ROM 与 DVD‑ROM 是按固定金额的签订购买合同，能像纸本资料那样一次性购买，每次使用的时候不用再单独缴费。CD‑ROM 在诞生的时候是为了单机使用的，但目前已经根据 CD‑ROM 服务器开发出了新的检索系统，多个用户能够同时使用一个 CD‑ROM 进行检索②。

---

① 長澤雅男．情報と文献の検索．第 3 版，丸善，1994，p8.
② 大原寿人．CD‑ROMネットワークの導入．大学図書館研究，1991，no. 38，p41.

多个用户能同时检索的 CD-ROM 检索系统是指：在 LAN（某个组织内的网络）中安装 CD-ROM 服务器，用户通过 LAN 上连接的多个客户端访问 CD-ROM 服务器，从而使用 CD-ROM[1]。现在还开发出了能够搭载 DVD-ROM 的 CD-ROM 服务器（比如：日铁 ElEX 公司的 NSCDNet Intranet）。使用 CD-ROM 服务器的 CD-ROM 检索系统比单机使用的更方便。但需要注意的是，这种情况下 CD-ROM 的费用与单机使用的不同，是按连接计算机的台数收取。此外，电子音像型媒体的发展日新月异，CD-ROM 有被 DVD-ROM 取代的趋势。过去一直以纸质（图书形态）形式出版的图书会逐渐以电子版的形式出版，我们有必要密切关注电子书（electronic book）的发展动向。

有关各种在线数据库或电子音像型数字媒介（CD-ROM、DVD-ROM）的利用方法，本系列的第 7 卷《信息服务演练》做了详细说明。

8.2.3 互联网上的信息

因特网（Internet）是指，采用 TCP/IP（Transmission Control Protocol/Internet Protocal）通讯协议的计算机网络，也指世界各地计算机互相连接的网络的总称[2]。

20 世纪 90 年代之后，由于互联网的运用，普通人可以做以下事情：①交换信息和意见；②使用共享的信息、数据与软件（信息的利用）；③提供共享的信息、数据和软件（信息的发送）；④轻而易举地实现协同作业[3]。Web（World Wide Web）的发达大大促进了通过网络发送和利用信息的行为。Web 指通过被称为 HTML（Hyper Text Markup Language）的超文本将世界上的关联数据像蜘蛛网一样连接起来，供用户阅览和检索。[4] 为了浏览 Web 网页，需要安装被称为 Web 浏览器的软件。

因特网上目前分布着各种各样的信息。商用在线数据库最初是通过电话线路使用，现在正在逐渐发展成通过网络浏览器检索为主。由于具有优良传

---

[1] 緑川信之編著．情報検索演習．東京書籍，1998，p42，（新現代図書館学講座，7）．
[2] 情報科学技術協会編．情報検索の基礎．第 2 版，日外アソシエーツ，1997，p91，108，139．
[3] 情報科学技術協会編．情報検索のためのインターネット活用術．日外アソシエーツ，1996，p8-9．
[4] 情報管理編集部編著．完全インターネットガイド．情報管理，1996，p232．

统的商用在线数据库能够对信息进行精确的收集、组织、存储，虽然方式转变为通过互联网提供服务，但也具有前面"（2）数据库"论述的计算机检索（在线检索）的优势与劣势。需要注意的是，与传统的商用数据库能对信息进行精确的收集、组织、存储不同，很多互联网上的信息并没有这项优势。

在20世纪90年代中期，互联网上能免费使用的信息有以下一些类型[1]：

①本来由研究者共享的信息向公众公开（例如：大学或研究机构网上的信息或数据库）

②企业的宣传、推广活动

③政府的公开信息

④收费信息中的部分免费信息（例如：收费数据库免费试用（样例））

⑤收费信息中的部分特定的免费服务（例如：在线书店的各种检索系统）

⑥由个人爱好或其他目的提供的信息

⑦综合①到⑥各种要素的信息

从2000年之后，网上的收费与免费信息急剧增加，图书馆等信息机构提供与发布的信息种类与时间跨度迅速扩大。

很多人在检索网上各类信息时会使用搜索引擎（search enging）。搜索引擎是指：从互联网的海量信息中，为用户检索所需要网页提供的系统或服务[2]，最有名的有Google、Yahoo!。关于互联网上的商用在线数据库或搜索引擎的利用方法，在本系列丛书第7卷《信息服务演练》中有详细说明。

互联网上的信息每天都海量增长，形态也各式各样。互联网提供了很多免费的图书馆开展信息服务可利用的有益信息。但是，有用信息虽然设置了比商业数据库低的价格，以收费的形式提供的信息数量却大大增加。对那些免费提供的有用信息，我们必须了解、把握信息提供者是出于何种考虑这样做。信息获取者必须对互联网信息的可靠性作出判断。图书馆这样的信息机构会对网络上有用的信息进行选取，将制作网页链接作为一项重要工作，而要选择适合的信息就必须对信息进行评价。

---

[1] 情報科学技術協会編．情報検索のためのインターネット活用術．日外アソシエーツ，1996，p12-15.

[2] 日本図書館情報学会用語辞典編集委員会編．図書館情報学用語辞典．第3版，丸善，2007，p84.

板井千晶列举了以下 27 项作为互联网上的信息评价标准项目:①

（1）信息的发布者·作者

①有无信息发布者名称，②信息发布者所属团体，③信息发布者的学历、经历、业绩，④信息发布者的联系方式，⑤信息发布者的认知度、评价

（2）信息的内容

⑥主题，⑦发布信息的目的，⑧主题范围，⑨时间范围，⑩网页的制作时间、更新时间，⑪利用对象、水平，⑫构成，⑬信息的种类，⑭准确性，⑮信息的出处，⑯偏见，⑰客观的视角，⑱首尾一致性

（3）获取

⑲收费、免费，⑳能否进行多人同时获取，㉑是否能稳定访问，㉒是否需要提供个人信息、签署同意书，㉓下载所需要的时间，㉔必要的软件

（4）导航

㉕网站的布置图，㉖网站内的导航，㉗链接的有效性

在互联网上流传着各种各样的信息，甚至能够找到有些在纸本资料上找不到的信息。现代图书馆在展开信息服务的时候，需要充分了解互联网信息的缺陷，积极灵活地运用互联网上的信息，例如，通过在互联网搜索引擎进行检索，找到获取信息的方法（灵感）。不过，互联网上的信息鱼龙混杂，对检索的结果不能囫囵吞枣，需要利用多本纸质参考咨询资料或商用在线数据库，从多个角度判断信息是否准确。

与纸本资料相比，网上的信息可能存在以下一些问题：①信息的识别和所属不明确；②信息的准确度与可靠性较低；③保存体制不完善②。

其中，①的问题是指，网络信息不像传统的印刷资料一样，没有对书进行编目等的环节，要对网络信息进行明确的描述与识别、或掌握其所属非常困难。近代以后，各国的国家图书馆在国内发行的印刷资料（图书与杂志）书目控制上下了很大力气。为了描述互联网上的信息，提出了元数据方案。目前，虽然各国已经开始制作元数据，但与各国国家图书馆实施的印刷资料的书目控制相比，仍然有很多不足的地方。

---

① 堀川照代，中村百合子编著. インターネット時代の学校図書館：司書・司書教諭のための「情報」入門. 東京電機大学出版局，2003, p101 - 116.

② 戸田慎一. 特集, インターネット：ネットワーク情報資源と図書館・情報サービスの将来. 情報の科学と技術. 1994, vol. 44, no. 1, p5 - 6.

其中，②的问题是指，互联网信息与传统印刷资料相比，更加多种多样，杂乱无章，信息的准确性与可靠度较低。由于互联网上可能含有一些不合法或不正确的信息，在将其用作图书馆信息服务信息源的时候，有必要仔细辨别信息的内容。

其中，③的问题是指，互联网上的信息不像图书馆资料那样，有永久储存、保存资料的方针。对于印刷资料，各国的国家图书馆就其收集、整理、保存以备将来使用等建立了十分完善的体制，但互联网上信息没有这样的体制。虽然部分机构或国家图书馆有试验性的网页保存项目（储存），但在网络环境下，对调查研究有用的信息的储存、保存仍是很大的问题。

提到网上的信息，很多时候会使用网络信息资源（net-worked information resources）这个词语。网络信息资源是指：在以网络为基础的网络环境下，通过网络能探索、获取、利用的信息与知识中，能对个人或组织的知识活动产生价值的信息①。或"以互联网为基础，能通过计算机网络探索、获取、利用的信息资源"②。

8.3 信息服务中各种信息源的使用方法

现代图书馆除了传统的纸质参考工具书外，还使用在线数据库或音像电子资料（例如：CD-ROM、DVD-ROM、电子书）等。在上个世纪90年代，图书馆开展服务时也开始使用互联网上的信息。

面对这种情况，现代图书馆员需要充分了解各种信息源的特征，利用各种信息源来进行信息服务。图书馆员根据每项信息服务的要求，判断使用多种参考咨询资料（纸质资料、在线数据库、音像电子资料、网络信息资源）中的哪一种，高效、经济地检索信息是非常重要的。

为了更好地理解各种信息源的使用方法，本节分六部分内容进行阐述。首先①说明文献信息检索的概念图，然后以日语文献为对象说明②图书信息

---

① 海野敏．メディアの多様化とネットワーク情報資源．ネットワーク情報資源の可能性．日本図書館学会研究委員会編．日外アソシエーツ，1996，p8（論集・図書館情報学研究の歩み，第15集）．

② 日本図書館情報学会用語辞典編集委員会編．図書館情報学用語辞典．第3版，丸善，2007，p194.

的检索、③期刊信息的检索、④报纸报道的检索、⑤专门信息的探索,最后对⑥参考咨询案例集进行说明。

8.3.1 文献信息检索概念图

长泽雅男是日本研究参考咨询服务的第一人。他以1964年发行的《参考调查活动序讲》①为出发点,发表了很多有关参考咨询服务或与参考咨询相关的图书及论文。长泽指出,在探索信息的时候,需要分析问题的内容,"要找关于什么、怎样的信息",明确抓住问题的内容。在这种情况下,"什么"相当于探索的主题,"怎样的"相当于"探索事项"。以这样"主题-探索事项"为线索,就能获得一些启示,有益于选择使用正确的信息源即确定使用何种探索工具(参考咨询资料)②。

1974年,长泽将信息探索领域设定为8个种类:"参考工具书与书目"、"书籍"、"报纸和杂志"、"习惯用语与成语"、"事物与事项"、"时间和历史"、"地方与地理"、"人和机构"。各个种类又能表示为"所需信息的种类"(5~8个项目),提示各信息(项目)对应的参考工具书③。1982年,信息探索又被分为"参考图书"、"语言、文字"、"事物、事项"、"历史、时间"、"地理、地名"、"人物、团体"、"图书、丛书"、"报纸、杂志"8类。各个领域的"主题-探索事项"都有相对应的探索工具(参考咨询资料)④。在这之后,虽然信息探索各个领域的名称及探索工具(参考咨询资料)的名称有些变化,但长泽关于文献信息检索结构的理论仍是以其在1974年与1982年提出的观点为基础。关于长泽雅男的信息文献检索框架,可以参考文献信息检索概念图(参考图8-2)⑤。

---

① 長澤雅男. 参考調查活動序講. 慶応義塾大学文学部図書館学科,1964,x,p278,(図書館学科刊行物,no.15).

② 図書館情報学ハンドブック編集委員会編. 図書館情報学ハンドブック. 第2版. 丸善,1999,p674-677.

③ 長澤雅男. レファンレンス・ブック:なにを・どうして求めるか. 日本図書館協会,1974,p231.

④ 長澤雅男. 情報と文献の探索:参考図書の解題. 丸善,1982,x,p385.

⑤ 作者以『情報と文献の探索』第2版(1987)为教科书,向药袋秀树学习参考咨询服务实务。这个实务以本章注22各章开头的图(8张)为基础,对文献检索进行了解说之后,药袋将图(8张)总结成1张,制作了概念图。图8-2就是以药袋的概念图为基础,重新总结了长泽雅男的信息文献检索框架。

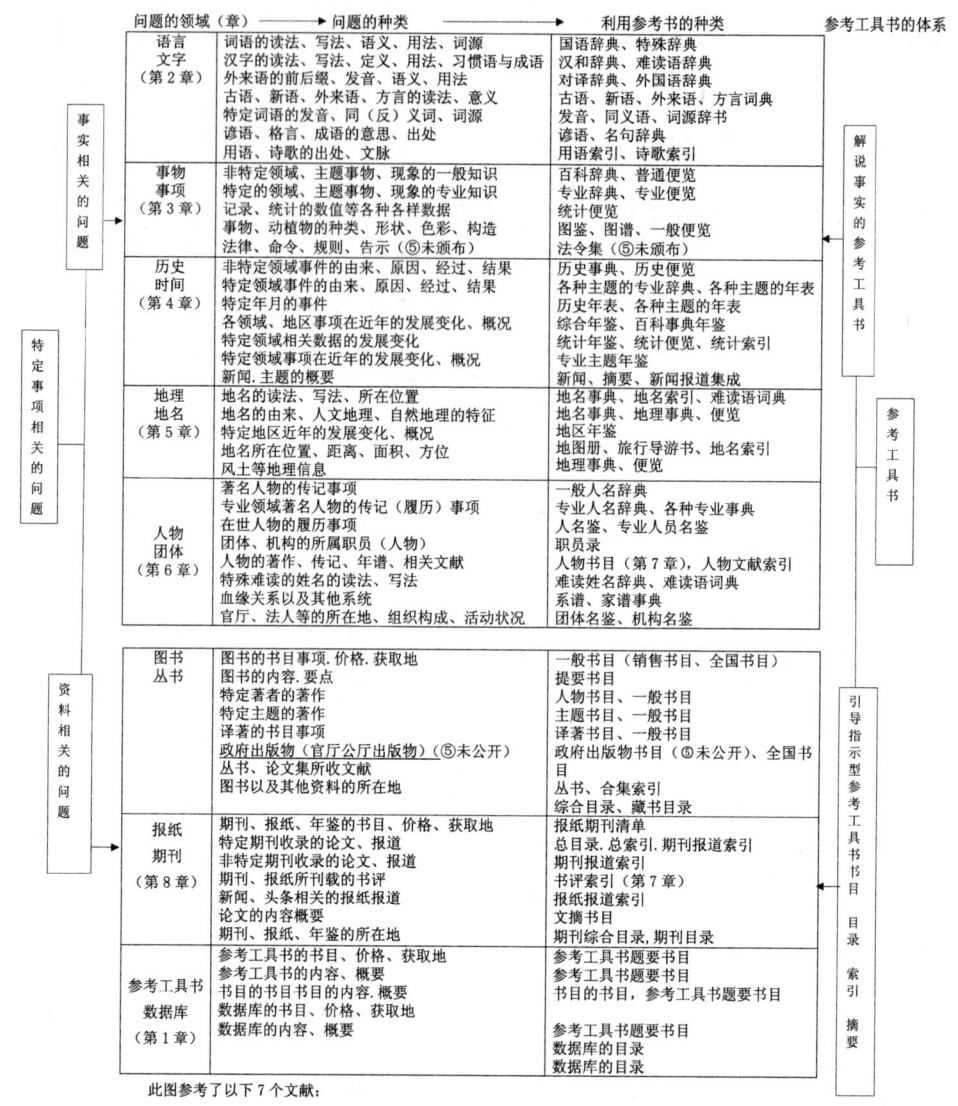

问题的领域（章）	问题的种类	利用参考书的种类	参考工具书的体系
语言文字（第2章）	词语的读法、写法、语义、用法、词源 汉字的读法、写法、定义、用法、习惯语与成语 外来语的前后缀、发音、语义、用法 古语、新语、外来语、方言的读法、意义 特定词语的发音、同（反）义词、词源 谚语、格言、成语的意思、出处 用语、诗歌的出处、文脉	国语辞典、特殊辞典 汉和辞典、难读语辞典 对译辞典、外国语辞典 古语、新语、外来语、方言词典 发音、同义语、词源辞书 谚语、名句辞典 用语索引、诗歌索引	解说事实的参考工具书
事物事项（第3章）	非特定领域、主题事物、现象的一般知识 特定的领域、主题事物、现象的专业知识 记录、统计的数值等各种各样数据 事物、动植物的种类、形状、色彩、构造 法律、命令、规则、告示（⑤未颁布）	百科辞典、普通便览 专业辞典、专业便览 统计年鉴 图鉴、图谱、一般便览 法令集（⑤未颁布）	
历史时间（第4章）	非特定领域事件的由来、原因、经过、结果 特定领域事件的由来、原因、经过、结果 特定年月的事件 各领域、地区事项在近年的发展变化、概况 特定领域相关数据的发展变化 特定领域事项在近年的发展变化、概况 新闻、主题的概要	历史事典、历史便览 各种主题的专业辞典、各种主题的年表 历史年表、各种主题的年表 综合年鉴、百科事典年鉴 统计年鉴、统计便览、统计索引 专业主题年鉴 新闻、摘要、新闻报道集成	
地理地名（第5章）	地名的读法、写法、所在位置 地名的由来、人文地理、自然地理的特征 特定地区的发展变化、概况 地名所在位置、距离、面积、方位 风土等地理信息	地名事典、地名索引、难读语词典 地名事典、地理事典、便览 地区年鉴 地图册、旅行导游书、地名索引 地理事典、便览	参考工具书
人物团体（第6章）	著名人物的传记事项 专业领域著名人物的传记（履历）事项 在世人物的履历事项 团体、机构的所属职员（人物） 人物的著作、传记、年谱、相关文献 特殊难读的姓名的读法、写法 血缘关系以及其他系统 官厅、法人等的所在地、组织构成、活动状况	一般人名辞典 专业人名辞典、各种专业事典 人名鉴、专业人员名鉴 职员录 人物书目（第7章）、人物文献索引 难读姓名辞典、难读语词典 系谱、家谱事典 团体名鉴、机构名鉴	
图书丛书	图书的书目事项、价格、获取地 图书的内容、要点 特定著者的著作 特定主题的著作 译著的书目事项 政府出版物（官厅公厅出版物）（⑤未公开） 丛书、论文集所收文献 图书以及其他资料的所在地	一般目（销售书目、全国书目） 提要书目 人物书目、一般书目 主题书目、一般书目 译著书目、一般书目 政府出版物书目（⑤未公开）、全国书目 丛书、合集索引 综合目录、藏书目录	引导指示型参考工具书书目目录索引摘要
报纸期刊（第8章）	期刊、报纸、年鉴的书目、价格、获取地 特定期刊收录的论文、报道 非特定期刊收录的论文、报道 期刊、报纸所刊载的书评 新闻、头条相关的报纸报道 论文的内容概要 期刊、报纸、年鉴的所在地	报纸期刊清单 总目录、总索引、期刊报道索引 期刊报道索引 书评索引 报纸报道索引（第7章） 文摘书目 期刊综合目录、期刊目录	
参考工具书数据库（第1章）	参考工具书的书目、价格、获取地 参考工具书的内容、概要 书目的书目的内容、概要 数据库的书目、价格、获取地 数据库的内容、概要	参考工具书要书目 参考工具书要书目 书目的书目、参考工具书题要书目 参考工具书要书目 数据库的目录 数据库的目录	

事实相关的问题

特定事项相关的问题

资料相关的问题

此图参考了以下7个文献：

① 長沢雅男. レファンレンス・ブック：なにを・どうして求めるか. 日本図書館協会，1974，p231.
② 長沢雅男. レファンレンス・ブック：なにを・どうして求めるか. 新版，日本図書館協会，1982，p277.
③ 長沢雅男. 情報と文献の探索：参考図書の解題. 丸善，1982，x，p385.
④ 長沢雅男. 情報と文献の探索：参考図書の解題. 第2版，丸善，1987，XII，p417.
⑤ 長沢雅男. 情報と文献の探索. 第3版，丸善，1994，ix，p337.
⑥ 長沢雅男. 情報源としてのレファンレンス・ブックス. 日本図書館協会，1989，XII，p275.
⑦ 長沢雅男，石黒裕子共著. 情報源としてのレファンレンスブックス. 新版，日本図書館協会，2004，XI，p245.

图 8-2　文献信息检索概念图

图 8-2 按照长泽提出的信息探索的 8 个领域,分别列举咨询问题内容的种类和与之相对应的参考工具书的种类。"问题内容的种类"与"使用参考工具书的种类"相对应。正如前一节所述,现代信息服务可以使用的资料不仅有参考工具书,还包括各种数据库和网络信息资源。在图 8-2 中,如果用"参考咨询资料"代替"参考工具书",长泽的文献信息检索框架还可以在更加广泛的范围内使用。

长泽以登山为例,指出"在寻找文献或信息的时候,回答问题的工具多种多样,通过对工具文献与探索技术的搭配,能衍生出很多步骤"[1]。实际上,每个参考咨询问题都由很多方面组成,同一个问题能从多个角度进行分析和探索。因此,可以以 8-2 图为基础,分析参考咨询的问题,努力从多个角度(问题的种类)对文献和信息进行探索。虽然参考咨询资料的种类等会受到限制,但可以选择适合的方法,在短时间内进行有效的探索。此外,不断积累检索信息、文献的经验也是非常重要的。

关于信息服务时各种信息源的使用方法,以及各种各样信息检索的类型,在本系列丛书第 7 卷《信息服务演练》中会有详细的解说。

8.3.2 图书信息的检索[2][3]

如果要网罗性地探索日本明治以后出版的图书,需要按年代仔细查找帝国图书馆或国立国会图书馆刊行的各种藏书目录。国立国会图书馆对 1979 年到 1999 年日本国内出版的图书书目进行了回溯,整理了从明治到现代的所有目录数据。国立国会图书馆的藏书目录有成册的纸本、在线数据库(JAPAN MARC)、音像电子资料(CD-ROM 版的 J-BISC 或 DVD-ROM)三种形态。2002 年 10 月 1 日起,国立国会图书馆"国立国会图书馆藏书检索、申请系统"(简称 NDL-SEARCH)(http://opac.ndl.go.jp/index.html)上线开始提供服务。2012 年 1 月 6 日起,开始提供新的 NDL-OPAC 服务。截止到目

---

[1] 長澤雅男.レファレンス・ブック:なにを・どうして求めるか.日本図書館協会,1974,p15.

[2] 大庭一郎.ネットワーク情報資源を活用した図書情報の探索.図書館情報学の創造の再構築.吉田政幸,山本順一共編.勉誠出版,2001,p105-114.

[3] 大庭一郎.第 2 章 図書の探索.情報検索演習.緑川信之編著.新訂,東京書籍.2004.p41-79,(新現代図書館学講座,7).

前的2012年2月28日，NDL-OPAC已经收录了720万条元数据，能够检索图书、期刊、报纸、数字资源、日本古籍、汉籍、博士论文、地图、音乐音像资料、芦原专藏、杂志报道索引、标准、技术报告、同盟国军事占领日本相关资料。此外，2012年1月6日起，国立国会图书馆开始提供"国立国会图书馆搜索"（简称NDL-SEARCH）（http://iss.ndl.go.jp/）服务。通过NDL-SEARCH，不仅能检索国会馆入藏的所有资料，还能检索都道府县立图书馆、政令指定市立图书馆的藏书，或国立国会图书馆与其他机构收藏的各种数字资源。也就是说，能从NDL-SEARCH检索NDL-OPAC的所有内容。

NDL-OPAC在全面检索日本图书信息方面极具威力，但检索新发行图书时，登录到数据库中需要花费一些时间，所以NDL-OPAC不适合检索新发行图书。在检索新发行图书的时候可以使用在线书店Amazon.or.jp或纪伊国书屋的KINO导航，KINO导航能检索书店在线或在库的书籍。要了解日本出版的市面上销售图书的库存情况，过去必须查找纸本资料《日本书籍总目录》（日本书籍出版协会），而现在互联网上也提供《日本书籍总目录》（http://www.books.or.jp），而且比纸本提供更多的检索方式。在检索断货、绝版图书的时候，可以使用古旧图书跨库检索工具"本の枝折"。

日本图书馆虽然一直以来没有大规模的综合目录，但以大学图书馆所藏外文书为对象的综合目录，有"新收外文书综合目录1954-83"（国立国会图书馆）和"新收外文书综合目录1984-87"（纪伊国书屋书店）。要寻找1987年之前大学图书馆收藏的外文书，过去必须使用《新收外文书综合目录》。随着学术信息中心（现为国立情报学研究所（NII））的目录、馆藏地信息服务NACSIS-CAT（1984-）的上线使用，《新收外文书综合目录》完成了其使命。NACSIS-CAT是以在线联合编目的方式形成综合书目数据库的系统。1984年之后，大学图书馆也陆续参与到NACSIS-CAT中，共同建设综合目录。NACSIS-CAT的数据以NACSIS-IR目录馆藏信息数据库BCAT（图书）与SCAT（期刊）的形式提供服务。此外，学术信息中心"综合目录数据库WWW检索服务"（简称：NACSIS Webcat）（http://webcat.nii.ac.jp）1997年4月1日开始试运行，1998年4月1日开始正式服务。NACSIS Webcat是日本大学图书馆等所藏图书、期刊等综合目录数据库的在线检索系统。NACSIS Webcat的目录和馆藏地信息与NACSIS-CAT、NACSIS-IR（BCAT（图书）、SCAT（杂志））相对应。学术信息中心的NACSIS-CAT开始运营之后，图书的目录与馆藏地信息变成了以大学图书馆上传的信息为主。需要注意的是，关于1984年之前的图书目录数据，虽然有多个机构参与了回溯录入工作，但并不是每个机构都录入了全部数据。NACSIS Webcat 预计于2013年3月停止服务，其继任者即 CiNii Books（http：//ci. nii. ac. jp/books/）从2011年11月9日开始提供服务。

如果要了解日本以及其他世界各国的图书检索系统，可以参考伊藤民雄运营的文献检索网站"图书、杂志检索网"（http：//rnavi. info/）[1]。

8.3.3 期刊信息的检索[2][3]

要检索日本现在发行的期刊和报纸，可以使用纸质资料《期刊报纸总目录》（媒体研究中心）。在"期刊报纸总目录 Web 检索"中也可以进行检索，但仅限于使用《期刊报纸总目录》中登载的公司名称与媒体名称进行检索。

如果要检索期刊的馆藏地，务必首先在以下几个大规模收藏期刊的机构进行确认：①国立国会图书馆；②大学图书馆；③独立行政法人科学技术振兴机构（jst）。其中，有关①国立国会图书馆期刊的馆藏情况，以前可以通过纸本资料《国立国会图书馆所藏国内期刊目录》或 cd – rom 版的《ndl cd – rom line 国立国会图书馆所藏期刊目录》了解，现在可以使用 ndl – opac 检索。

其中，②大学图书馆期刊的入藏情况，可以通过 nacsis webcat 检索。nacsis webcat 的期刊目录和入藏信息继承了纸本资料《学术期刊综合目录》（1953年到2001年连续刊行）的数据，几乎完整地收录了日本大学图书馆入藏期刊的目录与馆藏信息。从2011年11月9日开始，下一代 nacsis webcat，即 cinii books 也开始提供期刊的目录及馆藏信息服务。以前需要通过《科学技术振兴机构资料入藏目录》（纸本资料和 cd – rom）检索，现在则可以通过"jst 资料入藏目录 web 检索系统"（http：//opac. jst. go. jp/）进行检索。

如果要查找日本的期刊报道文章，需要调查以下三种资料：①学术期刊、

---

① 伊藤民雄. インターネットで文献探索. 2010年版，日本図書館協会，2010，piv – v（JLA 図書館実践シリーズ，7）.

② 大庭一郎. 第10章 CD – ROM を用いた情報探索. レファレンスサービス演習. 山本順一著. 理想社，1999，p181 – 198，（新図書館情報学シリーズ，6）.

③ 大庭一郎. 雑誌記事索引. 生涯学習研究 e 事典. 日本生涯教育学会，2009 – 08 – 31. http：//ejiten. javea. or. jp/content. php? c = TWpBMk1qSTE%3D，（参照2012 – 03 – 05）.

②普通期刊、③短期大学的纪要类文献。为了全面查找①学术期刊刊登的论文或报道的书目信息（作者姓名、论文名、期刊名、卷号、出版年、页数），可以按年代仔细查看国立国会图书馆刊行的《期刊报道索引》（"人文·社会篇"与"科学技术篇"或"人文社会篇"的"累积索引版"）。目前，《期刊报道索引》被制作成数据库，可以通过在线数据库或电子音像介质（cd－rom 版和 dvd－rom 版）进行使用。从 2002 年 10 月 1 日开始，通过 ndl－opac 可以检索《期刊报道索引》。截止到 2012 年 2 月 28 日，ndl－opac 可以检索 1948 年之后大约 1 000 件左右的期刊报道。

其中，②普通期刊可以查找纸本资料《大宅壮一文库期刊报道索引总目录》（收录时间：明治时代－1995）以及《大宅壮一文库期刊报道索引 cd－rom 版》（收录时间：1998－2008，cd－rom 版到 2008 年终止发行），这两者收录了评论家大宅壮一收藏的明治时期到现在的期刊（大众期刊、周刊）。从 2002 年 8 月开始，"大宅壮一文库期刊报道索引检索 web 版"（简称：web oya－bun－ko）（hyperlink "http：//www.oya－bunko.com"）开始以年度为单位（收费）为教育机构提供服务（收录时间：1998－现在）。此外，皓星社的《期刊报道索引集成数据库》（收费）能检索从综合期刊到地方期刊的期刊报道索引（收录时间：明治初期－现在）。

要调查其中的③短期大学纪要类期刊刊登的论文，可以按年代仔细查看纸质资料《全国短期大学纪要论文索引 1950－1979》（琦玉福祉会）、《全国短期大学纪要论文索引 1980－1984》（日本图书中心）、《全国短期大学纪要论文索引 1985 年版－1991 年版》（日本图书中心）。

国立情报学研究所（nii）从 2005 年 4 月 1 日开始正式运营学术信息门户网站，即 nii 学术内容门户网（genii）。2005 年，genii 可以统一检索学术论文信息、图书、期刊信息、研究成果等，同时还能提供由二次信息访问一次信息的服务（之后又追加了各领域的专业信息以及教育、研究成果信息）。genii 中的 nii 论文信息导航（cinii）（http：//ci.nii.ac.jp/）有查找论文信息的功能。cinii 是一种论文数据库服务，以学协会刊物、大学研究纪要、国立国会图书馆的期刊报道索引数据库、学术论文信息为检索对象。在 cinii 中，有很多能够免费向大众开放的论文，即使不注册也能进行检索（收费论文需要以法人或个人为单位注册后才能使用）。2011 年 11 月 9 日，cinii 随着服务的重组（引进 cinii books），更名为 cinii articles。截止到 2011 年 10 月 1 日，cinii articles 共收录学术论文信息 1 500 万条，其中 370 万条在 cinii articles 中能看到全文，其余在 cinii articles 中看不到全文的文章，则通过提供与联合服务机构的链接帮助人们获取。

8.3.4 报纸报道的检索[①]

由于日本报纸报道索引的纸质资料数量不多，在网络数据库或电子音像介质（CD－ROM 或 DVD－ROM）开发之前，如果要查找某个主题的资料，只有花费大量的时间和精力，按月仔细查找纸质资料的缩印版索引。现在可以通过网络数据库或电子音像介质检索日本主要报社的新闻报道。1990 年之后，随着互联网的普及，部分报社通过本社的网站免费发布新闻报道，一些新闻报道数据库也开始提供收费服务。目前，很多报社发布的免费报纸报道可以在 Google News 或 Yahoo! News 中检索出来。图书馆等信息服务机构为使用报纸报道全文数据库，或签约付费使用在线数据库，或购买 CD－ROM、DVD－ROM。

下面以《朝日新闻》为例对报纸报道的检索方法进行说明。纸质的《朝日新闻报道总览》（日本图书中心，1985－1999，60 册）收录了朝日新闻缩印版各月卷头的索引，分为《大正前期编》、《大正编》、《昭和编》、《昭和战后编》、《平成编》发行。在 CD－ROM 版的《朝日新闻战后题名数据库 1945－1999》中，能够检索 1945 至 1999 年共计 55 年的朝日新闻缩印版索引题名约 340 万条。CD－HIASK（1985 年后发行）是《朝日新闻》CD－ROM 版的全文数据库。除此之外，与《朝日新闻》相关的 CD－ROM 还有"朝日新闻战前报道数据库 昭和元年－9 年编"（CD－ROM39 张）、"朝日新闻战前报道数据库 昭和 10 年－20 年编"（CD－ROM35 张）、"朝日新闻号外 1879 年－1998 年"（CD－ROM6 张），均可以通过关键词检索。专门面向公共图书馆与大学图书馆的《朝日新闻》网络数据库有："闻藏Ⅱ可视版·图书馆版"、和"闻藏数字新闻库·图书馆版"（收费）。"闻藏Ⅱ可视版·图书馆版"可以检索从明治时期的朝日新闻创刊号到现在的报道、剪报、版面图片（收录了《周刊朝日》、《AERA》周刊，还可利用朝日现代用语事典《知惠藏》）。"闻

[①] 大庭一郎. 第 6 章 新聞·記事の探索. レファレンスサービス演習. 山本順一編著. 改定版, 理想社, 2005, p157－177（新図書館情報学シリーズ，6）.

藏数字新闻库·图书馆版"能够检索 1985 年之后的《朝日新闻》、《周刊朝日》、《AERA》、《知惠藏》，但报道文章只收录文本格式的。

8.3.5 专业信息的检索

日本很多大学图书馆为保障师生开展调查研究工作，将提供专业学术信息的工作作为信息服务的一环加以常规化。而日本的公共图书馆，相比大学图书馆，参考咨询服务相对较弱，尚未全面提供专业信息服务。

2006 年 3 月，文部科学省"未来图书馆架构讨论协作会议"（主查：药袋秀树）发布了报告《未来图书馆构想：以建设保障地区发展的信息基地为目标》，在提到公共图书馆今后的发展方向以及具体做法时，就参考咨询服务做出了重要论述。《未来图书馆构想》指出，图书馆除了要保障居民的读书活动，还应在协助地方及居民解决问题（行政援助、学校教育援助、商业（当地产业）援助、儿童教育援助等）方面充分发挥作用，为此要积极展开参考咨询服务。此外，还应提供医疗、健康、福祉、法务（法律）、地区·行政方面的信息服务[1]。公共图书馆在将来应该按照此报告的要求，积极采取措施，为解决各种问题提供专业信息。以下是开展专业信息检索时常用的文献：

- 《医学图书室光盘手册》医学图书室研究会（2001）[2]
- 《患者医疗图书服务》医学图书室研究会（2004）[3]
- 《实例解读商业信息的查询方法》日本图书馆协会（2005）[4]
- 《理·工·医·药专业学生学术信息检索手册》丸善（2006）[5]
- 《实时搜索》日本评论社（2008）[6]

---

[1] 大庭一郎．『これからの図書館像』としてのレファレンスサービス．図書館雑誌．2006，vol. 100，no. 11，p768－771.

[2] 病院図書室研究会デスクマニュアル編集委員会編．病院図書室デスクマニュアル．静岡，病院図書室研究会．2001，v，p194.

[3] 患者図書マニュアル編集委員会編．患者医療図書サービス：医療情報を中心とした患者図書室．静岡，病院図書室研究会，2004，iv，p86，（デスクマニュアルシリーズ）.

[4] 図書館経営支援協議会編．事例で読むビジネス情報の探し方ガイド：東京都立中央図書館の実践から．日本図書館協会，2005，x，p243.

[5] 学術情報探索マニュアル編集委員会編．理·工·医·薬系学生のための学術情報探索マニュアル：電子ジャーナルから特許·会議録まで．丸善．2006，vi，p187.

[6] いしかわまりこ，藤井康子，村井のり子．リーガル・リサーチ．第 3 版．日本評論社，2008，xx，p407.

8.3.6 参考咨询案例集

1）参考咨询案例集概要

要掌握信息服务各种信息源的使用方法，可以学习各个图书馆的参考咨询案例集。参考咨询案例集是指，记录并积累参考咨询服务的问题、得到的答案、答复的过程、参考资料等。一直以来，参考咨询案例集多以小册子或期刊的形式存在，最近有很多图书馆将其公开发布在网页上。

参考咨询案例数据库（reference datebase）"是将参考咨询的问题及答案内容，即参考咨询的事例积累、储存起来制作而成的数据库。其制作是对参考咨询服务的事后回顾与总结。除记录问题、答案、答复过程、所用参考资料等主要事项外，为便于检索多附加分类、关键词等信息。主要应用于图书馆内信息共享、向提问者提供追加信息、提供类似问题的调查途径、把握用户提问倾向、掌握应追加的资料、职员学习教材及宣传服务等。"[1] 参考咨询案例数据库的代表有：国立国会图书馆的参考咨询协作数据库事业（简称：参协）（http：//crd.ndl.go.jp/jp/library/index.html）。

参协是由国立国会图书馆主导，日本全国公共图书馆、大学图书馆、专业图书馆等共同构建的参考咨询案例数据库，旨在帮助图书馆开展参考咨询服务以及普通公众查找信息。2002年8月，参协的试验性事业实施计划得到立项，预计三年完成。2005年4月，参考咨询协作数据库事业（参协）正式实施，同年12月向公众提供数据。参协主要储存4种数据：①参考咨询案例（日本图书馆开展的参考咨询服务的记录）②调查方法手册（某特定主题或专题文献调查方法的汇集）③特藏文献（个人文库、善本书等特藏信息）④成员馆简介（参协成员馆的相关信息）（这四种数据的公开使用又设定了三个级别：仅本馆可用、成员馆可用、普通公众可用）。截止到2012年2月，参协的成员馆数量为559家（公共图书馆346家，大学图书馆150家，专业图书馆43家，国立国会图书馆的11个馆，其他9家）、登录数据（四类数据的总数）81685条[2]。

---

[1] 日本図書館情報学会用語辞典編集委員会編. 図書館情報学用語辞典. 第3版, 丸善, 2007, p258.

[2] 堤恵，佐藤久美子，牧野めぐみ. 特集，多様化する図書館システム：「レファ協」で拓くレファレンスサービスの新たな地平. 情報の科学と技術. 2011, vol.61, no.5, p187-193.

由于参协的出现，打破了一直以来单馆或同一类馆组合的局面，变成了由多个馆参加、不分图书馆种类的复合组合，让在更大的范围内共享和使用参考咨询信息成为可能，为创造更多的新知识搭建了平台。

参协事务局还制作了在网上发布参考咨询案例数据与调查方法等相关信息的图书馆的链接集（http://crd.ndl.go.jp/jp/library/links.html）。此外，纸本的参考咨询案例集，有商务援助图书馆促进协议会制作的《图书馆员为您事业发展助一臂之力：图书馆员答复商务问题案例集》①。

各种参考咨询案例集都刊载了各个图书馆收到的参考咨询问题以及图书馆员做出的答复，信息服务实务由此可见一斑。对照前述"①文献信息检索概念图"来阅读各个事例，参考咨询案例集就变成了有助于加深理解文献、信息探索结构的教材。

2) SECI 过程②

从 20 世纪 90 年代开始，知识管理在生产、经营领域尤其受到关注，之后一直被视为知识与信息价值的源泉。出现这种现象的背景是，人们开始关注企业内部资源以及知识·数字经济。知识管理是指个人或企业通过对个人或组织的智力资产进行组织和共享，从而提高业务效率，创造出新价值。

知识分为隐性知识和显性知识。隐性知识是主观的、难以用语言和形态表达出来，显性知识是客观的、能用语言和形态表达的知识。个人或组织可以将这二者结合起来，创造出新的价值。创造价值与获得发展的过程即创造知识的过程，这个过程可以用隐性知识与显性知识的互相作用来加以说明。SECI 过程最初是由野中郁次郎提出的，他将知识转换过程分为四个阶段，并分别取这四个阶段的名称的首字母，称之为 SECI 过程。知识转换过程的四个阶段如下：

- 社会化（Socialization）：个人对个人开展的面对面的内在交流，是一个从隐性知识得到新的隐性知识的过程。
- 外化（Externalization）：将个人的隐性知识展示出来，将其以语言或图

---

① ビジネス支援図書館推進協議会編．図書館員があなたの仕事をお手伝い：図書館員によるビジネス課題への回答事例集．ビジネス支援図書館推進協議会，2010，p103．，（（財）図書館振興財団平成 21 年助成事業）．

② 野中郁次郎，紺野登．知識経営のすすめ：ナレッジマネジメントとその時代．筑摩書房，1999，p7-19，104-115，（ちくま新書，225）．

像的形式表达出来,是一个从隐性知识得到新的显性知识的过程。

● 组合化(Combination):从外部获得显性知识并加以总结后,对显性知识进行普及与传播,是从显性知识获得新的显性知识的过程。

● 内化(Internalization):将按一定形式组织起来的外部知识吸收、内化为自身的知识,是从显性知识获得隐性知识的过程。

3) SECI 过程中的参考咨询知识[1]

很多参考咨询服务都依赖基于工作人员个人经验的隐性知识,因此,要整体提高图书馆参考咨询服务技能,就必须将图书馆员的知识或经验分享给全体人员,或传授给其他人员。

图 8-3 显示的是参考咨询服务中显性知识与隐性知识的关系在 SECI 过程中的演变顺序。参考咨询案例集在 SECI 过程中,表现为组合化(C)以及内化(I)的一部分,并未涉及全过程。但是,参考咨询案例集不仅是个人或组织积累的参考咨询服务相关知识或经验,同时还是创造新知识的基础,在参考咨询过程中发挥着重要作用。

灵活使用参考咨询案例集,就能够充分利用参考咨询服务相关的知识资产,能有效地提高业务效率。而在互联网上将参考咨询案例集公开,让知识协作成为可能。

随着参考咨询案例集承载介质以及公开范围的变化,SECI 过程中知识的流动变得更加顺畅,范围也更加广泛。如此一来,更快更多地获取知识成为可能,也能够创造出更多的新知识。随着现在互联网上信息处理技术的进步,知识管理的方法变得更容易运用于参考咨询服务和参考咨询案例集,具体做法有将参考咨询案例集作为参考咨询业务培训的素材,或将其公开发布在本馆的网页上。

8.4 掌握各种信息源的最新动向

随着计算机信息处理技术的飞速发展,新的信息机器及信息媒体不断被

---

[1] 大庭一郎. 日本の図書館のレファレンス事例集. 第7回レファレンス協同データベース事業フォーラム記録集. 国立国会図書館関西図書館協力課編. 精華町(京都府), 国立国会図書館関西館図書館協力課, 2011, p17-48.

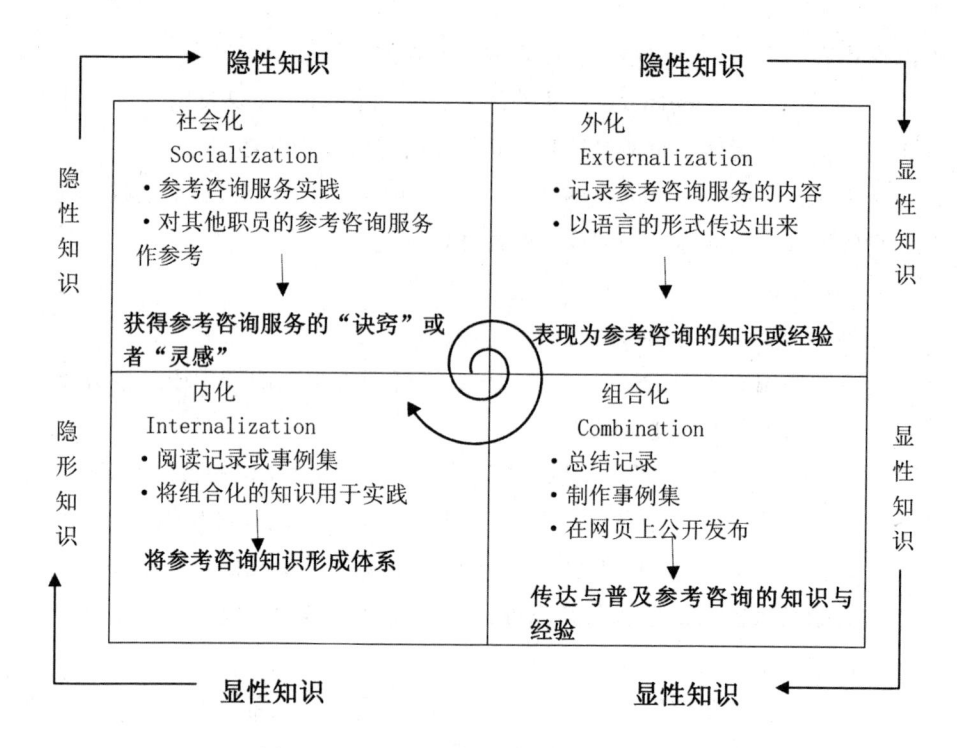

```
         ┌── 隐性知识 ──┐  ┌── 隐性知识 ──┐
         │  社会化       │  │  外化         │
         │  Socialization│  │  Externalization│
隐        │ ·参考咨询服务实践│ ·记录参考咨询服务的内容│  显
性        │ ·对其他职员的参考咨询服务│ ·以语言的形式传达出来│  性
知        │  作参考       │  │              │  知
识        │     ↓         │  │     ↓        │  识
         │ 获得参考咨询服务的"诀窍"或│ 表现为参考咨询的知识或经验│
         │ 者"灵感"      │  │              │

         │  内化         │  │  组合化       │
         │  Internalization│ │  Combination │
隐        │ ·阅读记录或事例集│ ·总结记录     │  显
形        │ ·将组合化的知识用于实践│ ·制作事例集│  性
知        │              │  │ ·在网页上公开发布│  知
识        │     ↓         │  │     ↓        │  识
         │ 将参考咨询知识形成体系│ 传达与普及参考咨询的知识与│
         │              │  │ 经验          │
         └── 显性知识 ──┘  └── 显性知识 ──┘
```

图 8-3　SECI 过程中的参考咨询服务知识

（此图系在"野中郁次郎·紺野登.『知識経営のすすめ：ナレッジマネジメントとその時代』．筑摩書房（ちくま新書，225）．1999，p111，図 7"的基础上重新制作而成）

开发出来。面对这种情况，在论述图书馆展开信息服务使用的各种信息源时，需要考虑新的信息媒介以及使用这些媒介的信息机器。本章阐述了信息服务中各种信息源的特征以及有关使用方法的一些基础事项。要展开最新的信息服务，就必须经常关注各种信息源的最新动向。为此可定期阅览图书情报学领域的专业期刊，以有效把握图书信息服务的最新动向。图书情报学专业期刊主要有：（◎表示有 Web 版（电子版））

・《医学図書館》（日本医学図書館協会）（季刊）
・《オンライン検索》（日本端末研究会）（季刊）
・《学校図書館》（全国学校図書館協会）（月刊）
・《学校図書館学研究》（日本学校図書館学会）（年刊）
・《カレントアウェアネス》（国立国会図書館関西館協力科）（季

刊）◎
- 《現代の図書館》（日本图书馆协会）（季刊）
- 《国立国会図書館月報》（国立国会图书馆）（月刊）◎
- 《情報管理》（科学技术振兴机构）（月刊）◎
- 《情報の科学と技術》（情报科学技术协会）（月刊）
- 《情報メディア研究》（情报媒体学会）（不定期刊）◎
- 《専門図書館》（专门图书馆协议会）（年6次刊）
- 《短期大学図書館研究》（私立短期大学图书馆协议会）（年刊）
- 《大学図書館研究》（国公私立大学图书馆协力委员会．大学图书馆研究编集委员会）（年3次刊）
- 《図書館界》（日本图书馆研究会）（双月刊）
- 《図書館雑誌》（日本图书馆协会）（月刊）
- 《日本図書館情報学会誌》（日本图书馆情报学会）（季刊）
- 《びぶろす》（国立国会图书馆）（仅有电子版一年4次刊）◎
- 《みんなの図書館》（图书馆问题研究会）（月刊）
- 《薬学図書館》（日本药学图书馆协议会）（季刊）
- 《Library and Information Science》（三田图书馆·情报学会）（一年2次刊）

请大家定期阅览以上这些专业杂志，学习信息服务的最新动态。

参考文献

（为了更好地学习）

1. 図書館情報学ハンドブック編集委員会編．図書館情報学ハンドブック．第2版，丸善，1999．
2. バックランド，M. K.；高山正也，桂啓壯訳．図書館サービスの再構築：電子メディア時代に向けての提言．勁草書房，1994．
3. バックランド，M. K.；高山正也訳．図書館・情報サービスの理論．勁草書房，1990．
4. アーカート，D.；高山正也訳．図書館業務の基本原則．勁草書房，1985．
5. 日本図書館情報学会研究委員会編．情報アクセスの新たな展開（シリーズ図書館情報学のフロンティア，No.9）．勉誠出版，2009．
6. 山崎久道．専門図書館経営論：情報と企業の視点から．日外アソシエーツ，1999．
7. ランカスター，F. W.；中村倫子，三輪真木子訳．図書館サービスの評価．丸善，1991．
8. サミュエル・ローススティーン；長澤雅男監訳．レファレンス・サービスの発達．日本図書館協会，1979．
9. 長澤雅男，石黒祐子．問題解決のためのレファレンス・サービス．新版，日本図書館協会，2007．
10. 国立国会図書館関西事業部編．レファレンス協同データベース事業データ作成・公開に関するガイドライン．日本図書館協会，2006．
11. 国立国会図書館関西事業部編．レファレンス協同データベース事業調べ方マニュアルデータ集：データと解説．日本図書館協会，2007．
12. 原田智子，岸田和明，小山憲司．情報検索の基礎知識．新訂2版，情報科学技術協会，2011．
13. 三輪真木子．情報検索のスキル：未知の問題をどう解くか（中公新書）．中央公論新社，2003．
14. 岸田和明．情報検索の理論と技術．勁草書房，1998．
15. 中村幸雄．情報検索理論の基礎：批判と再検討（情報科学講座 C・11・1）．共立出版，1998．

16. アレクサンダー・ハラヴぇ；田畑暁生訳. ネット検索革命. 青土社, 2009.
17. フリッツ・マッハルプ；木田宏, 高橋達男監訳. 知識産業. 産業能率短期大学出版部, 1969.
18. 野中郁次郎, 紺野登. 知識創造の方法論：ナレッジワーカーの作法. 東洋経済新報社, 2003.
19. Cassell, Kay Ann; Hiremath, Uma. Reference and Information Services in the 21st Century: An Introduction. 2nd ed. , Facet Publishing. 2009.